T0419828

Claudia Aboaf nació en Buenos Aires y actualmente vive en Tigre, Argentina. Es escritora y docente de extensión en la Universidad Nacional de las Artes, donde dio los seminarios Ciencia Ficción, Ecoficción y Ciencia Ficción Climática. Es autora de las novelas *Medio grado de libertad* (2003), *Pichonas* (2014), *El Rey del Agua* (Alfaguara, 2016) y *El ojo y la flor* (Alfaguara, 2019). Participó de antologías de ficción extraña en Colombia, Uruguay, Brasil, Perú, Francia e Italia. Es coguionista, junto con Tomás Saraceno, de la película Vuela con Pacha, hacia el Aeroceno (2023), estrenada en Londres. *Astrología y literatura. Diálogos cósmicos. Borges-Xul Solar, Pizarnik-S. Ocampo* (Lumen, 2022) es su primer ensayo experimental. Colabora con artículos ecofeministas y socioambientales en medios nacionales e internacionales. Su *Trilogía del agua* ha sido estudiada por la crítica literaria académica en varias universidades del mundo. Es parte de la colectiva ecofeminista Mirá socioambiental.

Claudia Aboaf

Astrología y literatura

Diálogos cósmicos
Borges-Xul Solar
Pizarnik-S. Ocampo

DEBOLS!LLO

El papel utilizado para la impresión de este libro ha sido fabricado a partir de madera procedente de bosques y plantaciones gestionadas con los más altos estándares ambientales, garantizando una explotación de los recursos sostenible con el medio ambiente y beneficiosa para las personas.

Astrología y literatura

Primera edición en Argentina: octubre, 2022
Primera edición en México en Debolsillo: abril, 2025

penguinlibros.com

Ilustraciones: Gabriela Benítez Tapia

ISBN: 978-607-385-664-5

Impreso en México – *Printed in Mexico*

Para el mundo roto.

Y quedamos los dos, el hongo y yo, aguardando atentos, ansiosos, no se sabe qué. Acaso, solo, que la noche vuelva.

Marosa di Giorgio

Índice

Introducción

Este ensayo se enfoca en la "y" del título, esa conjunción copulativa que une materiales fuera de control como la literatura "y" la astrología. Es acerca de todo lo conjunto, de las continuidades adentroafuera; la "y" como enlace, puente, diálogo y cópula[1] de sujetos disímiles. Incluso trata la "y" como un agente de transición hasta su caída en desuso al "compostar las palabras", como proceden Donna Haraway[2] o Xul Solar al acuñar neologismos —a inicios del 1900— como "androdendro" o "man tree": "hombre fundido en árbol", que era parte de su gramática multiespecista. La "y" es un signo lingüístico capaz de establecer vínculos, pero, como metáfora para hablar de eso del medio, ni lo uno ni lo otro, no alcanza. La astrología misma es una serie de metáforas que hemos ido haciendo para traducir la relación íntima entre las estrellas y lo que ocurre en la tierra, y se ubica justo en la intersección entre la persona y

1 "Cópula" insinúa vínculo o unión, y su significado es conexión o lazo que une dos cosas distintas. Una cópula describe la estructura de dependencia entre las variables. Hay cópulas matemáticas, neuronales, y también es una teoría de "probabilidad".

2 Donna Haraway es una reconocida bióloga, filósofa, zoóloga y profesora universitaria estadounidense del programa de Historia de la Conciencia en la Universidad de California.

el cosmos, por fuera del horizonte cultural hegemónico. Este ensayo se opone al vaciamiento del cosmos como vestigio de la visión antropocéntrica que crea un mundo de separatividad, cosificación y dominación. Contradice la existencia de un sujeto aislado, incluso la existencia de sujetos y objetos, y abona una realidad en la que la Naturaleza misma es "sujeto de derechos", una visión del mundo sostenida en un diálogo primordial e inteligente de sujetos con sujetos[3]. Quiere acercar una visión poética, no totalizante, de la carta natal como un código natal[4] que se despliega en un sistema biosférico[5]: una esfera donde todo lo vivo sucede; pero pone el foco en las indiscutibles interacciones, ya que son ellas, y no las cosas, la potencia misma de todo sistema. El arte, la literatura son también signos de representación que entrañan complejas interrelaciones internas y externas. Son un derecho estético de sentir, pensar filosóficamente, tener visiones animistas para vivificar lo inerte, ser transindividual, enloquecer de amor y tener una efusión cósmica. Sin que todas estas posiciones transversales

3 Concepto de Richard T. Tarnas, historiador cultural y profesor de Filosofía y Psicología en el California Institute of Integral Studies de San Francisco y director fundador del programa de graduado en Filosofía, Cosmología y Conocimiento.
4 La "carta natal" o "código natal" es un sistema de información como el ADN determinado al nacer, que se irá desplegando en el tiempo. "Código natal" es un término de Eugenio Carutti, licenciado en Antropología por la UBA, donde también realizó estudios de Física. Fundador y director de Casa XI, en la que dicta cursos de Astrología.
5 Biosfera: "envoltura viva", ecosistema global, en el que se incluyen todos los ecosistemas locales. También la componen los distintos ciclos biogeoquímicos que hacen posible el sostén de la vida. Su definición alcanza la atmósfera, pero la influencia del sistema solar y del universo descubierto y por descubrir expande sus límites.

sean colonizadas e institucionalizadas. Solo esperemos que la imaginación no se haya quebrado en la infoesfera[6] para que sea posible asimilar esta y otras metáforas como superíconos de una conciencia colectiva en expansión.

Este libro ensaya una visión cosmogónica de las relaciones y cómo esas visiones del mundo crean mundos[7]. Intenta reponer la visión celeste sofocada por el brillo artificial del cielo nocturno[8] de la civilización global. La Vía Láctea y las constelaciones fueron empujadas al fondo oscuro detrás del artificio de las noches iluminadas y la vista corta se inclina ahora sobre las pantallas; no hay nada para ver en el cielo una vez oculta la galaxia. En cada crepúsculo, el automático lumínico global se enciende y sofoca las raíces celestes de los pensamientos.

Dialogábamos con el cielo y en cierto momento necesitamos organizarlo. El Zodíaco se diseñó desde el corazón del mito, para una práctica esotérica a la vez que de racionalidad matemática. Esas mentes tempranas de la humanidad no dividían lo externo de lo interno, el cielo de la tierra. Las constelaciones, que trazan un movimiento circular (elipse)[9], son animales antropomórficos proyectados en la noche que atravesaron sin resistencia la línea ilusoria del horizonte y

6 Infoesfera: "Así como un pez no puede conceptualizar el agua, o las aves, el aire, el hombre apenas entiende su infoesfera, esa envolvente capa de esmog electrónico y tipográfico compuesto de clichés del periodismo, del entretenimiento, de la publicidad y del gobierno". Un neologismo que utilizó un crítico de libros de la revista *Time* en 1971.

7 Concepto de Richard T. Tarnas.

8 "Atlas mundial del brillo artificial del cielo nocturno", publicado en *Science Advances*. La contaminación lumínica se considera un problema socioambiental.

9 Los planetas se desplazan en una órbita elíptica. Es una órbita circular que se aplana por cierta excentricidad de los movimientos.

englobaron los reinos, incluso el de las herramientas que luego fueron el reino de las máquinas y la cibernética; las personas —como activos signadores— sostuvieron las estrellas por un momento entre sus manos para soltarlas de nuevo al cielo. De esos sabios matemáticos-astrólogos de la Mesopotamia, filósofos de la naturaleza, que incluían esa visión cosmogónica obtuvimos la tradición astrológica, es cierto que hubo un tráfico constante de textos y conocimientos entre Oriente y Occidente. La primera carta natal que se conoce data del 400 a. C., ¿y la última? Resistió el determinismo, resistió la psicología del yo, y fue naciendo a una reflexión filosófica. Los dioses del Zodíaco articularon lo natural, lo racional y lo espiritual como representación de un proceso de pensamiento. Pero la separatividad aristotélica de las esferas celestes y las ciencias como dioses inmunes al mundo sublunar atávico, telúrico y emocional de la experiencia humana crearon una trampa bipartita. "La Gran División Interior creó la Gran División Exterior"[10] y de esto debemos dar cuenta. Ese desfase crónico le dio carácter de verdad última a la línea divisoria y mortal. El binarismo siempre es daño: cielo/tierra, mente/cuerpo, cultura/naturaleza, yo/lo Otro. Se extendió como una calamidad demencial y la autonarración de prevalencia, sea al interior/exterior de una persona o de quienes se ubiquen a un lado u otro de la línea (muros, alambrados y fronteras), trajo la lógica de explotar y exterminar, implantando en el adentroafuera el dolor por las diferencias. En

10 Concepto de Bruno Latour, filósofo, sociólogo y antropólogo francés, especialista en Estudios de Ciencia, Tecnología y Sociedad y uno de los principales referentes de la teoría del Actor-Red.

La guerra de los mundos, H. G. Wells cuenta que mientras el protagonista le describe a la mujer los signos del Zodíaco y señala Marte, llegan a la Tierra unos seres extraños y se activa el "sueño de exterminar todo lo salvaje", el sueño del relato civilizatorio.

En este libro confluyen el filósofo italiano Giorgio Agamben, cuando señala que haber puesto en relación los "cielos" de la inteligencia pura con la "tierra" de la experiencia es el gran descubrimiento de la astrología, y Aby Warburg[11], que piensa la experiencia humana como una vibración pendular que no deja de recorrer, a diferentes velocidades, los distintos polos. También suma al repertorio de parentescos raros[12] a Isabelle Stengers[13] con la cosmopolítica, que integra la naturaleza y lo no humano al análisis de las relaciones, por lo tanto, a la política, en "un cosmos, un mundo común", para seguir los hilos de lo que está tejido junto, incluso la vibrante vida celeste. A cambio, el monocultivo de una identidad modélica y central tiene como destino sofocar la diversidad y las interrelaciones de todo sistema; como un narrador que atrapa las piezas, cualquier pieza, para que encastren en su trama única a riesgo de repetir siempre el mismo relato sofocando la creatividad.

11 Aby Warburg (1866-1929), diagnosticado bipolar, fascinado por lo que consideraba la dolencia esquizofrénica de la cultura, fundó la escuela de historiografía "iconológica". Giorgio Agamben, "Aby Warburg y la ciencia sin nombre", *La potencia del pensamiento*.

12 Concepto de Donna Haraway.

13 Isabelle Stengers es filósofa, química, historiadora de la ciencia y epistemóloga. "Gaia, nombrarla de este modo significa aceptar, nada más y nada menos, una forma de trascendencia 'inédita y olvidada'".

El ensayo propone una práctica de traducción de un sistema en particular, representado por la carta natal para llevar la identidad encapsulada hacia su potencial a través de un estallido "monádico"[14] que permita una libre circulación de la vida y un pasaje del yo a lo común. En la humanidad, este estallido aún no se produce y los dioses tecnocráticos hacen minería de datos para extraer y liberar a la atmósfera "el odio que es una perturbación del diálogo"[15]. Con la mitad de la fuerza ejercida para separar-se, o solo con dar *off* al motor de la desunión como a un simple interruptor de luz —interruptor del ritmo noche día con su continuidad lumínica—, se desvanece esa construcción narrativa. Sucede la aparición de todo lo viviente, del cielo oscuro lleno de estrellas desvanecidas en las redes artificiales, al estilo de Felisberto Hernández[16]: "No creo que deba escribir lo que sé, sino de lo otro". En estas páginas se sostiene la observación de cómo la mente sensible artística es capaz de cartografiar una visión cosmogónica e inaugurar un pasaje a lo extraño, que sin embargo ya estaba allí. Cuando el yo subjetivo se expande, puede ser magnetizado por lo que llamamos amistad, amor, colectivos, comunidades, sin olvidar las relaciones con los otros reinos. Las fronteras de la autonarración se levantan, no solo ante lo distinto sino ante lo que "nos sucede" y denominamos destino.

14 El cuidado preciosista de la vida individual.

15 Concepto de Franco "Bifo" Berardi, escritor, filósofo y activista izquierdista italiano. Actualmente trabaja como docente en la Universidad de Bolonia y es un referente del movimiento autonomista italiano.

16 Feliciano Felisberto Hernández (1902-1964) fue un escritor, compositor y pianista uruguayo. Uno de los cuentistas latinoamericanos más originales, es reconocido por sus extraños relatos en los que individuos tranquilamente desquiciados inyectan sus obsesiones en la vida cotidiana.

Los gestos de este ensayo postulan la vida textual y artística como una parte de las expresiones que se despliegan en intervenciones que ocurren en la vida misma, tanto como la "vida" no es otra cosa que la continuación de la obra y ocurre en la misma existencia. Pero una vez recopilados textos, entrevistas, libros y cuadros, lo que activa esta lectura son las relaciones. Son los vínculos los que producen una vida y obra expandida. Además, este libro ensaya una práctica para el arte, la literatura y la astrología —abreva en la ciencia ficción que es la hermana anárquica de la filosofía—, de cómo tender un puente sensible para habitar un nivel dimensional más complejo. Narradores y traductores del lenguaje astrológico desarman los límites donde está confinado el "yo" y lo magnetizan a un universo relacional distinto en el que personajes humanos o no humanos, botánicos y animales, también alteridades, dioses y arquetipos de tiempos pasados y futuros crean evocaciones estéticas. Una acción al estilo del "belartes" de Macedonio[17], donde el "desvanecimiento del yo" (también del yo autoral) encienda una empatía hacia ese universo rizomático y no vuelva a ensimismarse en una única burbuja-pantalla de pensamientos. Tal vez la existencia esté, lejos de toda división, entre lo real y lo extraño, representada en la "metáfora" que es la unidad metafísica del belartes macedoniano.

Este género literario conectivo no puede sustraerse del contexto movilizado por inconmensurables sucesos políticos, sociales y ecológicos entre los que se cuentan la pandemia, la guerra

17 Macedonio Fernández fue un escritor, abogado y filósofo argentino. En el *Museo de la novela de la Eterna*, dice: "Belartes llamo, únicamente, a las técnicas indirectas (no directas: copia o imitación) de suscitación de estados psicológicos en otras personas".

por los recursos energéticos y el espectacular aumento de la temperatura global y de los incendios. La humanidad lucha por prevalecer sin cambiar nada y agota aún más el sistema biosférico que habitamos. A partir de 2019/2020, Plutón y Saturno, dos dioses potentes, se juntaron en el cielo desde enero de 2020 en la constelación de Capricornio, en un gran evento astronómico llamado conjunción. Esos dos planetas resultaron un espejo celeste que muestra el estado de nuestro rostro terreno: una sociedad desigual en un mundo roto. La burocracia claustrofóbica, el confinamiento y la muerte, la humanidad y la naturaleza esclavizadas, el ecocidio sujeto al capitalismo fósil, además de las convulsiones sociales y las experiencias de límite, podrían sacudir lo conocido para una experiencia socioambiental renovada, pero el rezo íntimo e institucional de "no cambiar nada" signa la cristalización de Saturno como refuerzo de lo establecido, y la potencia de Plutón como fuerza arrasadora de toda construcción humana. Aparecen como dos arquetipos inmóviles: el orden (Saturno) versus el caos (Plutón)[18], que ratifican la separación con la naturaleza (el caos), apresurando el colapso, signado por el impulso ciego o deliberado de cavar hacia el centro de la Tierra, con más tecnología y más dinero para sacar a la superficie materia de las memorias fósiles con la grave consecuencia de despertar el fuego de la extinción[19]. Cada vez más cerca del magma profundo donde se escucha el aullido de voces humanas. También volvieron con inusitada violencia las versiones contrapuestas de la ciencia y las elucubraciones extrañas. La xenofobia

18 Plutón es también Hades, el dios mayor del inframundo.

19 La extracción del petróleo fósil libera en la atmósfera el carbono que provoca la crisis climática.

y el retroceso de derechos es una cruenta respuesta a la pérdida del control. Pero esa conjunción planetaria además adhiere un sentido a la transición caótica a la que debemos tomarle el ritmo. Eventualmente abre una vía que exige la combinación de las esferas, de manera gradual o explosiva. ¿Podremos integrar el cielo del conocimiento con la sensibilidad telúrica? Como una forma particular de inteligencia, lejos de la polarización occidental que es en definitiva un fracaso vincular. Las identificaciones personalistas nos impiden acceder a una dimensión universal de los sucesos: qué mundo está en juego, cómo se narra a sí mismo, y cómo se pueden relacionar las multiversiones. En este mundo al límite del caos la astrología, la literatura y el arte son portales entre lo real y lo mistérico. Y vuelven a hablarnos.

De cartas, mapas y códigos natales

Somos cielos territorializados. La astrología ilumina el cielo del momento en que nacemos y, en sus cálculos, aplica las coordenadas geográficas del lugar donde respiramos por primera vez en este planeta de tierra, agua, fuego y aire, que nos recuerda que somos parte del ritmo del universo. Pero dibujar esos mapas del cielo en la tierra como cartógrafos que ubican arquetipos en ciertos grados y angulaciones para luego recorrerlos, esas prácticas de los antiguos cosmógrafos, resulta en mapas fijos de una sola dimensión. Ahora podemos desplegar códigos biológicos y de información. Esos códigos son mapas dinámicos con transformaciones continuas que se irán desplegando. Cada código natal (la carta natal) se conforma de elementos comunes a la humanidad, a la vez que es único y se representa de forma circular en un sistema bioesférico, porque expresa sus relaciones sistémicas. Es el cielo en la tierra que aparece reflejado en una organización particular pero no excluyente; en un sistema abierto, interconectado con otros.

Los códigos hablan

La astrología suele tener una lectura tradicional desde el centro del sistema Sol-Luna-ascendente, un código natal que permite una descripción básica en su interpretación. Sin embargo, cuando la voz vibrante del resto de la información biosférica sígnica también habla, opera contra el consenso del "yo" como identificación y del Antropoceno. Da voz a lo externalizado, al margen, a la sombra de lo erigido como luz y activa el potencial de esa misma información. Más allá del "texto autobiográfico" generado por la identificación y los mecanismos de la cultura, aparece el no-texto, signado como el reino de los elementos que enloquecen y son asustantes cuando se manifiestan tanto en la selva interior como en la naturaleza selvática exterior. Es entonces cuando el código natal florece.

La huella lunar

Existe una huella de quienes nos precedieron que también influye en la carta natal, tanto como las lecturas que nos anteceden se cuelan en nuestro texto semilla como textos externos que producen cambios. Las configuraciones astronómicas y la experiencia humana fundan mitos engarzados en los signos astrológicos, esos arquetipos y patrones continúan operando sobre lo real, no como decreto cósmico sino como faros de potencialidad. Aunque ahora hemos creado nuevos dioses tecnocráticos o capitalistas más indiferentes a dialogar. Al interior de la carta natal, el "yo soy", como texto propio, suele quedar subsumido por la memoria de la infancia —como un dictado escolar—, representado por el símbolo de la Luna. Ese satélite tan cercano, tanto a la Tierra como a la poética, simboliza la función de crianza pero también el mecanismo de la eterna repetición. Es siempre el mismo texto, un refugio emocional al cual volver, sea este doloroso o amoroso, pero al menos reconocible. Si no descubrimos el talento oculto en la Luna como función —a diferencia de la identificación enraizada en solo un puñado de significados—, esos movimientos recursivos impedirán tanto el despliegue del código natal como la interacción creativa con la Tierra y sus habitantes.

Un diálogo entre dos lenguajes

Todo lenguaje es una biosfera semiótica, un sistema de signos unidos a significados que florecen al comunicarnos. Cuando la cultura se autodescribe intenta modelizar un lenguaje secuencial que separa y civiliza, y olvida, pero precisa la capacidad de evocar para adherir un sentido a esos signos. La inteligencia colectiva no es solo la memoria, puede producir nueva información muchas veces a través de textos inestables como la literatura. La gramática astrológica conforma un lenguaje simbólico, símbolos condensadores que atraviesan el tiempo renovando su sentido. Es un sistema de pensamiento regenerativo, que activa el texto de la carta/código y se integra con otros. El lenguaje astrológico es un "lenguaje de conexiones", como señala Eugenio Carutti. El alfabeto simbólico de la astrología tiene una estructura vincular, está definido por las relaciones conectivas y operantes multidimensionales. Une opuestos complementarios, y atraviesa la lógica del adentroafuera, dando continuidad entre la persona interior y el mundo exterior. Revela un mundo animado lleno de signos a los que se adhieren sentidos.

Leer símbolos, crear mundos

La lectura de la carta natal alcanza el carácter de *signatura*, que, en términos de Paracelso, es "la ciencia a través de la cual todo lo que está oculto es descubierto y sin este arte no puede hacerse nada profundo". La *signatura* es más que la relación entre el signo y el signador, quien le adhiere un sentido —por ejemplo, los antiguos signan a Venus como representación del arte—. La *signatura* como práctica une lo celeste y lo humano, insiste en esta relación, pero también la inserta en una nueva red de relaciones de interpretación multidimensionales, así Venus será, además, un signo que oculta potencialidades. Es la diosa botánica, es también Afrodita, la diosa sexualizada desterrada del panteón hegemónico, pero Venus es sobre todo el amor inseparable de todo sistema de relaciones de representación. Venus —como todos los planetas— se encuentra entrelazado al interior de la carta natal en aspectos con otros planetas, regencias, ubicación en casas, elementos, y la *signatura* denota que puede ser "animado" en su interpretación como operadores para comprender las relaciones de las relaciones, sistemas dentro de sistemas. Es el viraje interpretativo hacia lo que enlaza, hacia la "y", ya que no hay un sujeto aislado con un destino individual, y solo podremos devenir-con[20].

Tal como una frase conduce a un significado arbitrario, también los signos astrológicos son sensibles a su interpretación. El lenguaje simbólico de la astrología dialoga con la metáfora, con la lengua poética al interpretarla, y la literatura se sirve del mundo simbólico en su creación. Los dioses planetarios son arquetipos que siguen respirando en las narraciones. Trazan viajes heroicos y pulsan con sus figuras animalistas siguiendo antiguos patrones al moverse en la trama. Autores como Borges o Pizarnik perciben esos arquetipos y los acercan en la lectura. Así, la carta natal procesa y genera información y comparte el sentido dimensional de un texto literario, que es además una compleja maraña de relaciones internas y externas. Es en este sentido que el lenguaje astrológico y la literatura pueden operar como la *signatura* al sacar el foco de los signos unívocos y modelizantes, y ser traductores activos de símbolos para una comprensión que une y profundiza lazos incluso atemporales. Un principio de conexión para una acción cocreativa con las fuerzas universales.

20 Concepto de Donna Haraway.

Toda biosfera, donde "lo vivo" se desarrolla —incluso el lenguaje—, tiene un sistema particular de equilibrio, pero una parte del todo (la ilusión autopoiética, el relato de "yo soy así") busca controlar el resto. Tal como el brillo tecnológico quiere desplazar la noche y ese umbral lumínico dar la ilusión de posponer incluso la muerte, quebrando la inscripción biológica[21] del ritmo celeste; si nuestra realidad psíquica y atmosférica se limita "a la luz", será un solo punto de vista artificial el que prevalece. Si cada vez es el día, ¿dónde se guarda la noche?

En una narración autobiográfica u otra ficcional clásica, cuando un protagonista toma la voz, la trama y los personajes se ordenan a su servicio de acuerdo con ese imaginario, con solo un manojo de receptores sensoriales emocionales y culturales. El cuento que nos contamos se titula "yo soy así" y activa el principio de exclusión. Aunque todo movimiento social también precisa de un relato, narrativas que podrían ser arbóreas y polifónicas resultan limitadas a una estructura fija y la regeneración propia del sistema de nuevos sentidos parece detenerse. Pero somos ecosistemas vinculares y es cuando la noche se hace presente que la llamamos "destino".

El despliegue vibrante y poético de la carta natal y de la literatura puede brindar en su lectura pistas para desarticular el relato parcial, desarmar esa frontera semiótica y producir

21 Reloj circadiano: marca los ritmos físicos, mentales y conductuales de un cliclo de veinticuatro horas. Responde a la luz y la oscuridad.

nueva información. Ese descentramiento se percibe desestabilizante y enrarecido, zonas opacadas del código natal son percibidos en la mente sensible del artista cuando se activan al acoplarse con otros códigos para el reequilibrio del sistema. Esas conexiones que se despiertan, hermosas o terribles, son a veces explosivas y producen un texto extraño. "Hablo con la voz que está detrás de la voz", dice Pizarnik. En Borges, la tensión del narrador consciente oscila entre lo personal y omnisciente, como en el cuento "El otro", difumina fronteras del sí mismo al sostener la paradoja que es la transgresión del límite sagrado con el autor, Borges y Borges dialogan, se vinculan rompiendo también la temporalidad.

Sinastría

La palabra *sinastría* está compuesta por "más" y *ástron*, que significa 'estrella', por lo que esta antigua técnica de comparación de cartas natales entre dos o más personas puede entenderse como "juntar estrellas". Cada "estrella activa" interactúa en un campo magnético, transfiriendo y recibiendo energía, como una metáfora de simpoiesis[22] en un "campo estelar-vincular". Habrá "aspectos" en los vínculos, trazados en el código natal por distancias angulares, que generan mayor tensión o fluidez. Un dinamismo entre luminarias en un campo magnético en el cual ya estamos inmersos. Si bien mi análisis no se sujeta a esta técnica, sí se nutre de ella.

22 Simpoiesis: crear con.

Es interesante que el prefijo "sin" de sinastría, que es equivalente a "sim", nos abra al campo actual de la sim-poiesis: creación conjunta, colaborativa. Donna Haraway utiliza el prefijo "sim" en el libro *Seguir con el problema*. En el relato final, "Las historias de Camille", los "sims" son personas simbiontes que recibieron paquetes de genes animales en extinción. Estas aproximaciones literarias-biológicas tienen su origen en la "sim-biogénesis", teoría de Lynn Margulis acerca del origen de la vida a partir de la "simbiosis" de distintos linajes, y no la lucha de garras y dientes de la saga evolucionista del darwinismo social. Por el contrario, nuestra historia de la creación, según Margulis, es una historia de bioamor, en cooperación y como parte de la biosfera. Piotr Kropotkin, el pensador anarcocomunista y naturalista, publicó un libro en 1902 donde concluye que existe un reconocimiento semiinconsciente de la fuerza de la "dependencia estrecha" en la evolución. Se tituló *El apoyo mutuo*. Es el autor a quien Ursula K. Le Guin retoma en su novela anarquista *Los desposeídos*. El devenir es "con" o no habrá devenir, dirá Haraway, a veces en combinaciones que resultan inesperadas para ese "yo" recortado.

Turbulencias

Percibimos la turbulencia de la cultura homogénea, pero como nada se autoproduce en el sentido individual, más bien ese devenir podrá leerse en lo vincular. Al seguir los hilos del código natal desplegado en la biosfera, veremos un sistema dinámico, una representación activa donde nada ni nadie queda afuera.

La astrología no demanda creer en ella o no; no opera como un decreto cósmico. Es más bien una perspectiva de un sistema con toda su complejidad, una óptica dinámica que revela el bosque completo de una vida en el dianoche. En el Zodíaco polifónico puede leerse el descentramiento en favor de una mayor belleza e inteligencia compartida. Tal vez, la renovada atracción por lo fantástico y la ciencia ficción, la ecoficción y la ficción climática (*cli-fi*) y la emergencia de la poesía radiquen justamente en el estallido de las esferas: el pasaje a la atmósfera de lo inadmisible que, sin embargo, ya estaba presente, y que la astrología puede signar. Cuando se iluminan energías opacadas de la carta natal, la autonarración se excita y pierde el equilibrio para dar espacio a la creación conjunta. De tanto en tanto, también en la literatura ocurre la ampliación de la frontera semiótica al entrar en contacto con un texto ajeno, a veces en una interacción imprevisible provocando caos y fluctuaciones creativas. Cuando el no-texto se vuelve texto, la vida se pone curiosa.

Este ensayo se desubica de los conocimientos formalizados e invita a dialogar con lo desconocido; ya que la astrología no hace profecías, pero sí vuelve legibles las potencialidades. Sus significados y funciones están llenas de sentido como una representación simbólica de una cosmogonía que no supone fronteras. Leer la interconectividad de la vida de un o una artista con el entorno y la obra, desde sus identificaciones dominantes, es un procedimiento que hace la astrología. Ese procedimiento se expande cuando los códigos natales se entrelazan. Después de todo, el mundo es de relaciones, más que de personas.

El libro

"Signos
uniendo fisuras
figuras sin definir".
Gustavo Cerati

Este libro experimenta con materias fuera de control. Pero ¿qué hay al interior mismo del ensayo? Como sugiere Roland Barthes, existe el peligro de escribirse, porque las obsesiones van quedando a la vista. Virginia Woolf escribe acerca de la enfermedad y se delata en la hipótesis de un estado estupefaciente al enfermarse, como una droga legal; y este escribir supuso exponer un estado alucinado de la infancia. Vio la niña —una subjetividad encarnada— "hilos de colores" que unían entre sí a las cuatro generaciones que habitaban la misma casa. Desde cada persona de la familia surgían esos entramados deslumbrantes. Esa era su "enfermedad", pero también su "estupefaciente". Reprodujo adictivamente su visión con los restos de lanas de colores del tejido de la abuela al atar hilos en las bisagras y picaportes hasta crear el entramado que la calmaba. Más adelante quiso reponer ese mirar alucinado de interconexiones en performances adultas, grupales; en inmensas manifestaciones callejeras colectivas, escritos colaborativos y experiencias psicodélicas para conseguir más de "eso" que enlaza. Hasta que debió admitir que la visión de lo del medio está ahí, permanece impreso en sus retinas. Es su obsesión y su utopía. Surgió en la primera infancia e inundó su lenguaje. Pero un ensayo nunca se completa, tampoco las utopías.

En estas páginas se mezclan conocimientos académicos con saberes intuitivos, desclasados. Retrospectivos y futuros. El tema es doble, pero signa como sujeto a la "y", y se torna triple al ser conectivo de repertorios dispares y libres. El tejido que ve la niña, la joven, la adulta no da con ninguna talla, porque no hay alto ni bajo, ni tampoco centralidad. Ensaya una reflexión inestable del estado cósmico de nacimiento y de la dinámica de las relaciones.

El glosario que se encuentra al final del libro es astrológico, sistémico y ecológico. Permite realizar el balance de elementos, entender el significado de "las casas" y encontrar "palabras clave" acerca de planetas y signos.

Xul Solar y Jorge Luis Borges

"Estos apuntes se los dedico al gran Xul-Solar,
ya que en la ideación de ellos no está limpio de culpa".
JORGE LUIS BORGES[23]

23 "El idioma infinito", *El tamaño de mi esperanza* (1926), *Obras completas 1*.

Xul busca plasmar el "arte de la combinatoria[24]", que es el bello arte de la totalidad, por eso diseña cartas natales sin bordes, sin el círculo que las cierra; dice que las deja abiertas a la inteligencia del cielo. Visionar los códigos natales de Xul, del signo de Sagitario, y de Borges, del signo de Virgo, que Xul mismo dibujó[25] es entrar a su visión del mundo. Él parece haber nacido antes de que se solidifiquen las disyuntivas cielo/ tierra, cultura/naturaleza. Juega con las cosas simbólicas sin notar que algo pueda quedar en la sombra.

Borges y Xul mezclan su afecto y sus bibliotecas generosamente durante veinticuatro años. Como resultado leemos a Xul en la literatura de Borges, tanto como a Borges en la vida artística de su amigo. Xul, en pleno diálogo con los dioses, intenta resacralizar el mundo con su arte utópico; Borges, el pensador, es un escribiente que opera con materia abstracta. En simpoiesis, en el crear-con, las fronteras de cada uno se levantan.

Los códigos natales son/en vínculo

Considerando que el drama, el conflicto y la felicidad, tanto como la dependencia de la naturaleza y sus sacudidas de graves consecuencias, todos esos pasajes graves en la literatura, en la vida personal y colectiva, dependen de la "unión no

24 Arte combinatoria: tradición esotérica en la que se inspiraron el artista W. Kandinsky y el escritor I. Calvino, entre otros. Se basa en la teoría de correspondencias entre el mundo cósmico y el físico.

25 Los códigos natales originales pueden verse en la Casa Museo Xul Solar.

material" de las partes, es sorprendente que "eso" tercero dinámico no sea el foco de todos los relatos por su condición vital para no volar por los aires. No es la suma homogénea de dos que cae en la lógica binaria institucionalizada (matrimonio, sociedad), esos son todos artificios de algo del todo natural como el vínculo. No es la pérdida de la singularidad, es la desidentificación de la centralidad a favor de lo que enlaza. El código natal es una experiencia unitiva que se va cocreando todo el tiempo. Finalmente, las categorizaciones, los sujetos y las cosas se anteponen para mantenerse a salvo de "ser esencialmente vínculo", como dice E. Carutti, algo que disuelve el acto de ocupación egocéntrica y la ilusión de autonomía. Tal vez la creación artística, las expresiones ancestrales, aquello que toma forma de cuadro o de libro, sea la ropa fantasma del latido del vínculo. Una conexión invisible, pero poderosa se tiende entre Borges y Xul. ¿Qué los magnetiza, tanto en tensión como en comunión, desde el día en que se conocen y ponen en combustión sus singularidades? Los idiomas y las bibliotecas dan cuenta de la afirmación de los hechos, una respuesta rápida antes de que una módica escalada sobre la parte que se titula "yo" amenace la narración autobiográfica. Las "influencias" canónicas resultan un juego valioso en el salón de la academia, pero no es lo mismo que rastrear la simpoiesis en los trabajos artísticos. Ser esencialmente vínculo salva de la repetición de ser siempre los mismos, de escribir siempre el mismo texto. A través del sentimiento, de la sim-patía, de la atracción erótica, de la sin-tonía de ideas, no libre de conflictos, pero también alcanzando fluidez, se puede acceder a un relato donde lo central es la trama y no solo quienes lo protagonizan. La relación y no las cosas. Las fuerzas modelizantes de la lengua generan una imagen del mundo objeto y del "yo" sujeto parado sobre él. Por eso, el arte, la literatura, el código natal como una representación del estado cósmico del cielo en la tierra son en sí mismos signos de interrelaciones internas y externas complejas, presencias visibles que respiran para que no perdamos el aliento del todo. El lenguaje astrológico, la creación artística producen una comprensión multidimensional que es la experiencia de borramiento de un lenguaje que separa y civiliza. Mientras acumulamos objetos y conocimientos, toda la información de qué es vincularse con aquello de lo que nos hemos separado está disponible. Dado el efecto que tienen los nombramientos tal vez sea mejor no dar con la palabra para "eso" tercero que religa.

El arte colaborativo aumenta en belleza y sentido

Leer las cartas natales en sinastría[26] (juntar más estrellas), en vínculo y no separadas, muestra que siempre hay resonancias disponibles para una vida mejor (Xul dictaba un curso que se llamaba Astrología para una vida mejor). La creatividad es intercambio, aun si esto significa desequilibrar las propias secuencias organizadoras. Ser un código natal es ser una continua trans-forma. Los receptores sensoriales se expanden tal como ocurre al aprender una lengua distinta. Xul y Borges

26 Es el análisis de compatibilidad entre los códigos natales de dos o más personas. Al compararlos se pueden observar aspectos "fluidos o de tensión".

tienen filtros para la traducción cultural de cada uno de ellos, ese "yo soy así" simbolizado por los signos solares, uno de Fuego y otro de Tierra, en tensión uno con el otro; son dos ritmos humanos distintos. Sin embargo, en la interacción sígnica de los códigos natales vemos cómo esas fronteras se vuelven membranas y generan un nuevo tejido que va a cuestionar el arte como producción individual. ¿Son el arte y la literatura capaces de estimular las conexiones sensibles para tender un puente empático entre ellos y a su vez con quienes los siguen? Xul y Borges acceden juntos a esa dimensión compleja, como solo es posible hacerlo. Esa vincularidad irradiante nos enlaza. El lenguaje astrológico da cuenta de sus mundos centralizados, y, a la vez, de su expansión. De cómo lo externo se convierte en interno y lo extraño se vuelve familiar.

Xul astrólogo nos ayuda a pensar los signos zodiacales en el arte

Géminis[27] (gemelos): caligrafías, ideografías, cuadros con letras; Tauro: arte realista o con ilusión de realidad; Aries (carnero): de caracteres esenciales, como las caricaturas y lo más del arte japonés; Piscis (peces): ensueños, subconsciente; Acuario: abstracto puro, pensiformas; Capricornio (cabra montés): mapas, planos, esquemas y cubismo; Sagitario (centauro): capricho, intuiciones; Escorpio: arte religioso, mágico, hermético; Libra (balanza): arte decorativo, símbolos en armonía, heráldica; Leo: propaga una idea o cosa que se afirma por cualquier medio; Virgo: fotomontaje, realdetalles; Cáncer (cangrejo): la "ilustración", anécdota, cuento, historia por medios plásticos.

Esta lista que hace Xul —sin numerar— es una estrategia para salvarse del juicio estético canónico. Parece decirnos que un signo no es mejor que otro ni una expresión artística mejor que otra, cada uno tiene sus características; las señala, pero además las iguala. Las democratiza. De esta manera, Xul busca expresar

27 En el cuadro *Zodíaco* (1953), los signos antropomórficos comienzan en Géminis y no en Aries. La descripción de cada signo y sus atributos artísticos aparece en el catálogo de la exposición realizada en la galería Van Riel en 1953, con el título Explica.

una doctrina estética para todas las escuelas plásticas que analiza como parciales. También se basa en los temperamentos hipocráticos: "sanguíneo, flemático, melancólico y colérico", expresiones antiguas y orgánicas para las que ahora denominamos "elementos": Fuego, Aire, Agua y Tierra. El temperamento de Tierra hace al arte "realista" hasta en la fotografía, dice Xul; el de Agua lo hace sentimental; el de Aire lo hace abstracto en general; el de Fuego tiene un sello individual y de su carácter.

Elementos[28]

Quien sea esencialmente Fuego por sobre otros elementos asimila el mundo a través de su intuición. La Tierra se activa mediante la percepción. La preponderancia de Aire objetiva los sucesos con el pensamiento. El Agua, subjetiva y emocional, interioriza la vida mediante la sensibilidad. Los pares complementarios se arman cuando el Aire y el Fuego se despliegan veloces, volátiles, sin ataduras concretas o sentimentales, y el Agua y la Tierra permanecen percibiendo o recordando, siempre más lentos, como lo son la sustancia y los sentimientos.[29]

Es cierto que, aunque por fricción, el Fuego y el Agua es el par más subjetivo, inflamados de fogosidad y emociones a la hora de visionar el mundo, y en cambio la Tierra y el Aire objetivan su perspectiva con lo que creen mayor racionalidad. Así es que habrá elementos más distantes para la conciencia de

28 Ver Balance de elementos en el glosario.

29 Carl G. Jung asocia los cuatro elementos con distintos modos de conectarse con el mundo.

sí y otros que afinan más entre ellos por su modo estructural de conectarse con el mundo.

También Xul consideraba las tres modalidades de expresión: activo, neutro y pasivo, con su equivalente actual: cardinal, mutable y fijo.

Xul solar

Oscar Agustín Alejandro Schulz Solari nació el 14 de diciembre de 1887 en San Fernando, provincia de Buenos Aires, Argentina, a las 11.20 a. m., en un día de sol radiante. La tía insomne de Xul anota ese último detalle en su diario íntimo.

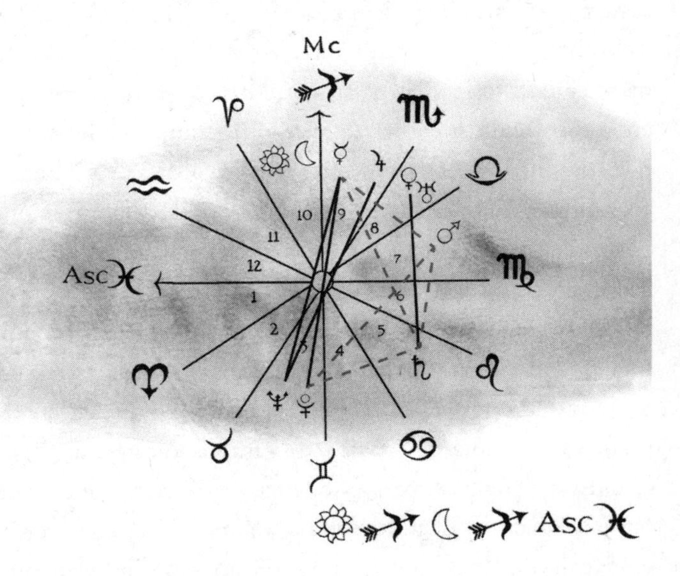

Esta carta natal ha sido diseñada como un "código abierto", tal como las realizaba Xul Solar representando así su visión expandida celeste. Sin bordes, sin límites. Las ilustraciones de las cartas natales en este libro son solo orientativas.

A Xul le falta un elemento en su código natal: la Tierra, que representa lo material, la capacidad de concreción y la noción de límite, que tanto lo va a alejar, cómo conectar con el mundo a través del "juicio" de la crítica canónica. Va a prefigurar la Tierra como un muro entre el centro y un artista como él, expulsado a la periferia. Experimenta duramente esta falta, a la vez que percibe en mundo subjetivo de gran fluidez y a veces de desborde. En "Auge escuelas Plasti"[30] propuso traer más tolerancia a las escuelas plásticas y ampliar los horizontes de cada artista hasta el infinito. El juicio estético lo abrumaba. Quería concretar el "arte libre del porvenir". Su falta de Tierra, como todo lo que vamos a interpretar en el despliegue de su carta natal como biosfera, tiene su correlato "adentroafuera", tanto en la formación subjetiva de su centro como lo que le sucede por "destino". Recordemos que el texto aislado, autobiográfico, autopercibido en determinados signos de identificación no es estable, sino más bien dinámico, gracias al entretejido de relaciones y estímulos que —como las mareas en San Fernando, donde nació, e incluso las inundaciones— pueden modificar una ciudad entera, una vida entera. La astrología recicla todo lo descartado por la centralidad del relato. Lo que en una biografía es una nota de "color", una impresión por la que pasa el ojo sin detenerse, para este lenguaje de conexiones, que la familia Solari fabricase cerveza a vapor, soda y hielo en una ciudad inundable, y no tornillos en un suburbio cementicio, puede ser leído como una acumulación de signos vitales.

30 Manuscrito de Xul Solar de comienzo de 1940, donde plantea una síntesis de todos los lenguajes plásticos.

La madre de Xul, de apellido Solari, se casa con Emilio Schulz. El padre de Xul se incorpora a la empresa familiar, y la cerveza que fabrican obtiene premios en exposiciones. Destilados, licores, refrescos, soda. También hacen hielo con el agua. El Agua (elemento emblema de las emociones) es el sustento de la familia. Vaporizan, solidifican, vuelven gaseoso el elemento líquido. Xul vive pared por medio con la fábrica y es testigo de esa alquimia. Todo gira en torno a esa materia viscosa, fluida, adaptable, aunque incontenible: el Agua. La isla, pescar embarcado con su familia, las casas palafito y el perfume de las mareas, el viento que encrespa el agua; esa disposición hacia lo fluido vuelve a Xul un aliado del río marrón. La familia se involucra en la recaudación de fondos por los daños causados por las fuertes inundaciones en San Fernando, un humedal costero en el territorio líquido del delta.

Más adelante, lejos de su Agua amiga, su primer encuentro con la Tierra será durante lo que él describe como "una sofocante experiencia municipal" en la Penitenciaría Nacional, donde su padre fuera funcionario. Dentro de esa institución de muros infranqueables, tan distinta a su percepción ilimitada y su horizonte de posibilidad, surge otra acumulación de sentido para una dificultad que creerá insalvable. Xul tiene el ascendente en Piscis, cuyo regente es Neptuno, el dios mayor de los océanos; pero hay otros signos operantes: la identidad naciente, solar y lunar, provienen del Fuego de Sagitario que es su relato utópico expandido.

El Sol como función: la singularidad

Es el principio central del yo: la autoconciencia de sí que dibuja el contorno del "yo soy así" sobre la base de principios de inclusión y exclusión. Esa autonomía dirigida en el cielo diurno que rige lo visible crea el arquetipo del héroe y su trayectoria. La noción subjetiva intenta ser independiente de la vincularidad y obtiene una realidad recortada del entorno. Es la autonarración, el autotexto, la autobiografía, el relato. La aristocracia del "yo" supone lo que la "gente" es, para extender así el reinado personalista. La construcción de un modelo a semejanza de la propia imagen. La idea de individuo-sujeto supone autonomía y ocupa, a través de signos focales, información que computa como propia. Surge como centro solar del mundo, considera el entorno para sí como acto de ocupación egocéntrico. Entonces, habla de mí y para sí como una tarjeta de identidad aceptada que se graba y crea un no-mí. Sin embargo, ese surco se suele grabar en la infancia; suma datos selectivos como una línea extendida en el tiempo, pero rezagada, algo antigua de la noción de "yo soy así". Se fija en la adultez como un perfil en las redes, que resiste toda información desconcertante para sí. Finalmente, toda esta construcción preciosista que insume al menos dos teras[31] de almacenamiento grabado en la memoria de cada quien no nos salva de

31 Un tera equivale a mil gigas. "Tera" es tomado del griego *teras*, que significa 'monstruo'.

ser sujetos inciertos relativamente minúsculos en relación con el universo y vitalmente simbióticos.

A nivel sociedad-humanidad, es la aspiración hegemónica desde la centralidad por sobre la diversidad. Los poderes dominantes que imponen su construcción subjetiva de nación por sobre otras naciones. La identificación con la centralidad adentroafuera es una distorsión en la biosfera planetaria y en el código natal como sistema.

La devoción por el exitismo y la meritocracia para brillar puede ser agotadora, genial, demoledora, y son muchos quienes mueren bajo los efectos de luz reflectora de la fama. ¿Será posible difundir energía vital —tal como lo hace el sol— como un principio radiante sin ocupar la centralidad?

Sol en Sagitario: la nube de fuego

El signo número 9, de Fuego, mutable. Regente: Júpiter, el dios de la filosofía que une los saberes de los dioses con el de las personas.

"Soy un rayo astral en un cruce complicado de grandes masas de hielo y cristales que me reflejan desde lejos, que me mandan repetidamente planos de luz y rayos de distintos tipos como lenguaje"[32].

32 "Versión sobre el trilíneo", *Destiempo*, año 1, n.° 2, noviembre de 1936, p. 4.

"De repente me hallé otra vez en el mundo, amando a lo divino, como en una nube de fuego, continuamente"[33].

Xul Solar

Sagitario es un signo de Fuego, "una nube de fuego" dirá Xul, que se mueve sin límites en el cielo de los pensamientos. Leopoldo Marechal afirma que el San Signo[34] de Xul fue "el de un fuego creador que lo encendía sin tregua y a cuyo mantenimiento consagró todos los combustibles de alma"[35]. Xul ganaba en altura —llegaría a medir casi dos metros— mientras crecía su visión filosófica: reflexiona sobre la esencia humana, la naturaleza y el universo; cuanto más sabe, más quiere saber. Los "filosofistas bellólogos", dice, han de resolver, por fin, las controversias en las escuelas de arte que se contradicen como partidos políticos. Él quiere aportar un sentido nuevo al mundo cansado. Sagitario maneja el concepto de posibilidad, el "casi creciente" o el "no todavía" le dio la noción de ser en potencia. En su dinámica ascensional, no cabía la distopía. La acuarela Vuelvilla, la ciudad voladora, fue acompañada de un texto optimista. "Soy pintor, utopista de profesión, del signo de Sagitario", dice Xul, "trabajo para un mundo mejor". La energía confiada y abundante de Sagitario irradia un contagioso entusiasmo vital. Su infancia en libertad, llena de estímulos, con poca interferencia en sus deseos y movimientos, se sumó al influjo que produce el borramiento

33 "Apuntes de neocriollo", *Azul. Revista de Ciencias y Letras*, año 2, n.° 11, agosto de 1931, pp. 201-205.

34 San Signos: visiones de Xul Solar escritas en neocriollo, traducidas al español en el libro *Los San Signos. Xul Solar y el* I Ching coeditado por la Fundación Pan Klub-Museo Xul Solar.

35 Leopoldo Marechal, *Adan Buenosayres*.

de las orillas según las crecientes y bajantes del río. Haber nacido ribereño y la sumatoria de lenguas familiares en un San Fernando políglota son los dos emblemas de origen de sus energías: Piscis y Sagitario. "Todo yo, dentro de mis pensamientos, para mis hermanos, me haré un mundo", el mejor de sus regalos fue un globo terráqueo que hacía girar para abarcarlo y no limitar su visión a un solo ángulo del mundo.

La madre, Agustina Solari Campodónico, genovesa de Zoagli, hablaba el toscano y el xeneixe. El padre, Emilio Schulz Riga, alemán-letón de Riga, le transmite el alemán tempranamente. Esa oleada europea llega a cultivar frutas o a trabajar el mimbre. También arribaron profesionales. La calle se inundó de sonidos de distintas lenguas. Este es un tiempo histórico de explosión cultural y para un sagitariano es un estímulo fenomenal. Ingresó al colegio francés Fermy, donde estudió francés, italiano y latín. A partir de 1900 se cambió a un colegio inglés. Dominando más de diez idiomas, Xul desafió la maldición de Dios sobre los constructores de la Torre de Babel —cuando confundió el idioma de los hombres para que ya no se entendieran—, y quiso reponer el lenguaje oral de origen al crear el neocriollo y la panlengua para una comunicación universal.

El lenguaje expandido

Si bien la invención de un lenguaje enerva a la Academia Argentina de Letras, es un recurso literario experimental que muchos escritores emprendieron en el siglo XX, y sus antecedentes remotos podrían encontrarse en la lengua que crea Rabelais en 1532 para su *Gargantúa y Pantagruel*. Xul esquiva el orden recesivo oficial hacia una poesía con palabras inventadas que traduzca sus visiones. También lo hizo Oliverio Girondo en *En la másmedula*[36] y Julio Cortázar al proponer su "gíglico[37]". Para Xul, crear un idioma era parte de un proyecto panactivista (*pan*: todo). Uno de sus trabajos lingüísticos artesanales fue el "neocriollo": mezcla de castellano y portugués junto con algunos detalles del inglés y una pizca de guaraní. El "idioma inclusivo" y las palabras acuñadas apuntan a esa misma comprensión: ampliar el lenguaje para iluminar lo nombrado. Somos *sims* —personas en simbiosis—, dice Donna Haraway, a quien le gusta "compostar" palabras. El lenguaje, como instrumento constructor de narrativas, fue cómplice de la marginalización y la exclusión. Xul inicia tempranamente un cuestionamiento del lenguaje impuesto y estandarizado como soporte de la colonización y el epistemicidio (silenciar lenguajes hasta hacerlos desaparecer). Corta y pega, composta el castellano y el inglés con las lenguas originarias. Pensaba que la comunicación entre los hombres siempre podía mejorarse. Su primera anotación del neocriollo está en la obra *Man tree*: es la palabra "androdendro", que significa "un hombre fundido en árbol", así interviene el lenguaje y realiza

36 *En la masmédula* es la experimentación con los límites expresivos del lenguaje. La fusión de vocablos resulta en la creación de nuevas palabras que adquieren sentido por su composición fonosemántica. La consecuencia es la no definición, la no unicidad de significado, es decir, la polisemia, la variedad de sentidos.

37 El glíglico es una lengua creada por Julio Cortázar, presente en su novela *Rayuela*.

hibridaciones multiespecies que iluminan las relaciones. Para él no fueron solo un juego de la imaginación, ya no dirá "propongo que cada uno pague lo suyo", sino "copago". A fines de los años cincuenta crea otra lengua fonética, la panlengua: un nuevo idioma global para el *Homo novus* con la intención de unir los bloques en los que se divide el mundo: Paneuropa, Panamérica y Panasia. "Soy el creador de un idioma universal, la Panlengua, sobre bases numéricas y astrológicas, que contribuirá a que los pueblos se conozcan mejor", dice Xul. Una lengua común, previa a la Torre de la soberbia, como respuesta a las divisiones religiosas, políticas y económicas.[38]

En 1962, poco antes de su muerte, Xul hizo una presentación conmovedora en el auditorio del Archivo General de la Nación para dictar su Conferencia sobre la Lengua. Encendido en su fuego sagitariano, confiaba en compartir esa nueva lengua y quería divulgarla, aunque luego reconoció que era "padrino de una lengua vulgar sin vulgo". Buscó expresar en su obra un discurso neosagrado, fuera del ámbito religioso, para infiltrarlo en todas las áreas del discurso humano: "Xul Solar, Alejandro (...) quiere que él mismo y este mundo sean mejores". También con la vanguardia neocriolla quería impulsar un proyecto americanista: "El neocriollo era un tipo de los futuros, que ultrapasarán a Europa". "Quizás el único cosmopolita, ciudadano del universo que he conocido, fue Xul Solar",

38 "El diagrama duodecimal astrológico, detalle del pan árbol ke es neo mejoría del árbol de vida cabalístico y ke kiere contener todas las cosas en orden cósmico, upa crece por números, ke cocean, en los círculos, en planetas, en las píen líneas, al zodíaco por bihoras desde media noche y el signo cánker como base", escribe Xul en panlengua.

dice Borges en *Textos recobrados (1956-1986)*. Le importa el arte como lenguaje, en términos de comunicación y transmisión simbólica. Hubo críticos que le señalaron que recargaba su obra de simbolismo. Es que Xul producía una simbiosis de lengua e imagen. Creaba poesía visual usando grafías[39] o directamente palabras en sus cuadros: escribía sentido, pintaba significado, muchas veces del imaginario precolombino, en especial náhuatl y amazónico. Buscaba la dimensión sagrada del animal y del hombre. Pájaros y serpientes, mitos y escenas rituales. ¿Cómo recibieron sus contemporáneos esa lengua que Xul "compostaba" para crear arte?

En el código natal de Xul, el respaldo familiar en su búsqueda propició el despliegue de estas energías expansivas de Sagitario en su biosfera. Cuando en 1901 comenzó los estudios secundarios, la familia se fue de Tigre a Barrio Norte para evitarle el viaje en tren. También fue la tía Clorinda, que ya vivía con ellos. Cursó dos años de Arquitectura, pero sintió que las instituciones querían disciplinar sus sueños. No tuvo estudios formales de Bellas Artes: su identificación astrológica no los resistía bien. Pero aún sin formación académica, enseñar fue una práctica natural. Xul creía poseer un saber para cada aspecto de la vida y era capaz de sintetizar lo aprendido como lo hace la filosofía, y los sagitarianos se afirman en sus saberes. Ensamblaba sus lecturas filosóficas y esotéricas —sabemos cómo impresionó a Borges su biblioteca— en su arte, pero también quería gestar filosofías nuevas, más imaginativas

39 Representaba palabras, ideas, pensamiento y conceptos ligados y dispuestos radialmente alrededor de una palabra clave o de una idea central.

para esa persona del porvenir que sorbería jugo de flores como alimento basado en plantas, sin dañar otras especies. Xul es nuestro fundador autóctono de lo que se llamaría "ecología profunda"[40]. Con una visión socioambiental para la vivienda y un pensamiento lejos de lo europeizante, diseñó un rumbo muy distinto al que hemos seguido desde que él no está.

40 El término ecosofía fue acuñado por Arne Naess, fundador de la ecología profunda, en 1973. La ecosofía propone proteger al planeta no solo en beneficio del género humano, sino también en beneficio del propio planeta, conservar los ecosistemas sanos por el mismo hecho de hacerlo.

Jorge Luis Borges

Jorge Francisco Isidoro Luis Borges nació el 24 de agosto de 1899 a las 03:30 a.m. en la Ciudad de Buenos Aires, Argentina.

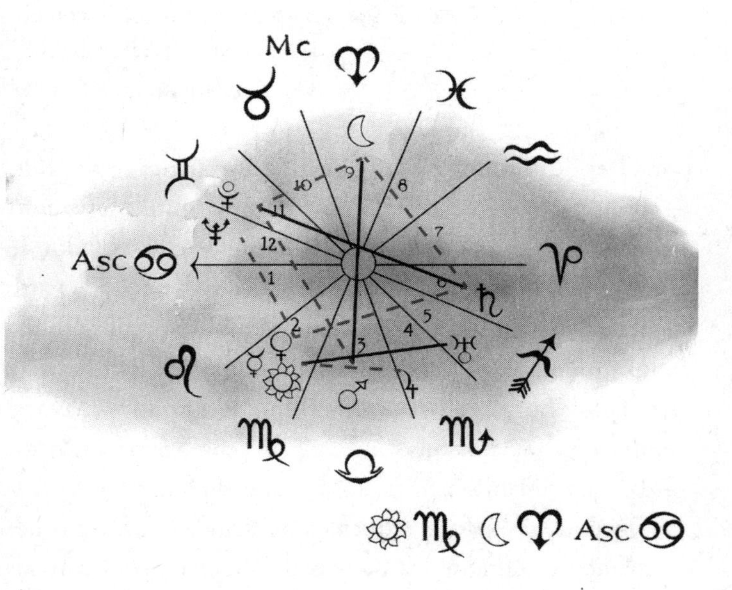

Sol en Virgo: la Tierra de Borges

Signo 6, de Tierra, mutable. Regente: Mercurio, el mensajero de los dioses, entre la tierra y el cielo.

"Yo suelo sentir que soy tierra, cansada tierra"[41].

"Un puñadito de gramatiquerías claro está que no basta para engendrar vocablos que alcancen vida de inmortalidad en las mentes"[42].

Jorge Luis Borges

Borges es de Virgo y, en la gramática astrológica, este es un signo de Tierra junto con Tauro y Capricornio. Meticuloso y concreto. Ser bibliotecario, como lo fue en dos períodos de su vida —la práctica de un sistema de fichas donde cada parte encuentra su lugar—, es una actividad emblema de la identificación virginiana. Si Xul ingresa al mundo desde el cielo hacia lo pedestre; Borges lo hace desde la minucia hacia lo mayor y siempre en contacto con el límite. Pero ¿cómo se va a relacionar Borges, su conciencia de sí, con su código natal?

Moverse en espacios reducidos no achica el universo necesariamente. Aunque los nativos de Virgo esperan con sus rituales —a veces pequeñas obsesiones— controlar el mundo que siempre se desbarata, también encuentran —como dijo

41 Del prólogo de *Los conjurados* (1985), *Obras completas 3.*

42 "El idioma infinito", *El tamaño de mi esperanza* (1926), *Obras completas 1.*

Arthur Conan Doyle— que "la construcción de una buena historia radica en los detalles", y eso los induce a crear desde lo pequeño. Pero cuando hablamos de poética, cuando se trata de Borges, insertar detalles eruditos en sus textos para descifrar y, por-menores al pie, no es una mera pauta correctiva; ese "puñadito" de texto-abajo que enlaza el texto-arriba y viceversa produce algo más, un ir y venir del lector por intertextualidades de tiempos y realidades, es un movimiento que se espirala antes que continuar recto en la comprensión del relato. Mercurio es el planeta regente del signo de Virgo, un pequeño planeta interior cercano a la Tierra. En la mitología griega se lo denominaba Hermes, conocido por sus rápidos vuelos entre la tierra y el cielo por medio de unas sandalias con alas que agitaban la incesante actividad mental. Esa agitación puede ser solo un ruido de argumentos que no van a la raíz del discurso, "gramatiquerías". Pero a veces aparecen individuos cuya inteligencia no se reduce a un TikTok de ideas, más bien se espirala como el caduceo de Mercurio (dos varas entrelazadas) contactando con una inteligencia mayor. Entonces, lo ínfimo ya no es caprichoso; es la semilla donde late un mundo entero.

La forma breve concentra sentido en cada palabra, sin que se vaya la vida en una novela larga. Y esa fue su maestría literaria reconocida, en sintonía con la energía acotada de Virgo. ¿Con cuánta fruición buscaba Borges ubicar en casilleros su inquietud, y funcionar como el fichero en la vastedad de una biblioteca? Si el orden que busca está vivo porque es una realidad cambiante, ocupar siempre el lugar correcto es imposible. Entonces, luego de ir tras los encastres perfectos con impaciencia, ¿puede uno, puede Borges adaptarse al lugar que le toque, hacerlo con humildad, ser una ficha y no la enorme biblioteca? Si se visiona un todo jerárquico inamovible —tal como lo pregonan religiones y otras convenciones— al que aspirar, algo se verá desencajado. ¿Cómo saber cuál es el lugar de cada uno y ocuparlo siempre? Ese es el misterio y la obsesión del signo de Virgo.

Por ahora Borges clasifica, toma la forma de un ordenador de información codificada. Como en "El idioma analítico de John Wilkins" (ensayo publicado en *Otras inquisiciones*), donde el procedimiento del inventor consiste en dividir el universo en cuarenta categorías o géneros, subdivisibles luego en diferencias, subdivisibles a su vez en especies. Pule sistemas de clasificación virginianas (enumerados alfabéticamente) en código Borges: "los animales se dividen en: (a) pertenecientes al Emperador, (b) embalsamados, (c) amaestrados, (d) lechones, (e) sirenas, (f) fabulosos, (g) perros sueltos, (h) incluidos en esta clasificación, (i) que se agitan como locos, (j) innumerables, (k) dibujados con un pincel finísimo de pelo de camello, (l) etcétera, (m) que acaban de romper el jarrón, (n) que de lejos parecen moscas".

A sus treinta y siete años y con diez libros publicados, Borges se formatea en actividades coherentes con su energía virginiana. Como una puesta en escena para alguien de ese signo, lo vemos trabajando como auxiliar primero en la Biblioteca Municipal Miguel Cané del barrio de Boedo. La ficha del Registro Personal de la Administración, que lleva su firma con letra minúscula, consigna "Lee y escribe". El primer día de trabajo se lanza a clasificar cuatrocientos volúmenes. Sus compañeros lo detienen y le explican que ese es un comportamiento poco solidario. Lo adecuado es no sobrepasar el centenar al día para que haya trabajo para todos. Le advierten que hay un sistema y es un ejercicio iniciático para alguien Virgo: aprender a acotarse, no abarcar la biblioteca entera. Ese servicio pequeño al que lo confinan —la confección de unas cien fichas— es el generador de un músculo precioso para Virgo, para quien participa en una red de bibliotecas, de un rizoma de libros, de millones de palabras expandidas. De la lengua.

Más adelante y ya ciego, durante dieciocho años, fue director de la Biblioteca Nacional Mariano Moreno: "Ordenar bibliotecas es ejercer, de un modo modesto y silencioso, el arte de la crítica". Una crítica aguda como la de Borges surge en detalles que nadie observa. Es su deleite, y el de toda persona de Virgo, también su pesadilla. "Corto de vista", dice Alan Pauls en *El factor Borges*, obligado a reconocer "principalmente las cosas pequeñas y menudas", captura lo diminuto. La sensibilidad microscópica, la atención escrupulosa, "una avidez por esas semillas ínfimas, casi imperceptibles, donde las páginas de los libros depositan sus cargas de sentido". Leer y escribir desde lo menor, desde las migajas, hasta captar el todo. Esa percepción de que hay algo mayor que tal vez no pueda abarcar completamente, de un orden preexistente a sí mismo, se llama humildad.

Virgo: humus humano humilde

Virgo tiende al repliegue —así como Sagitario al despliegue—, a ubicarse en un lugar no protagónico en un mundo donde impera el exitismo, y en ese movimiento crea una lógica espiralada inversa. No en el sentido de fracaso, sino de interiorizar lo que va transitando —un movimiento digesto, lento y controlado, no tan visible para el público. Cuando Virgo percibe —como signo de Tierra— que cumple una función en un orden mayor, se enciende una chispa que vuelve a revertir el despliegue de la espiral (el caduceo[43] Mercurio, regente de Virgo, es una doble hélice) y es ahora ascendente. Beatriz Sarlo titula "Borges detallista" un análisis crítico donde describe que el escritor ha advertido en la obra de Dante "un signo mínimo que él transforma en definitivo", en un hecho humildísimo, en la sonrisa de Beatrice justo antes de desaparecer, descubre el valor del segundo plano. Borges ha descubierto, señala Sarlo, que "ese detalle es el impulso de la *Divina Comedia*". El microscopio Borges enfoca la media sonrisa de Beatrice e interpreta en ese gesto la grandiosidad de toda una obra, esa observación minuciosa determina la escena total. Cuando Virgo esencializa, no es solo una observación, es un suceso. Se abre a una percepción multifocal.

Luego de la muerte de su padre, Borges necesita un sueldo fijo. Entonces, trabaja. Primero en una biblioteca, luego dando charlas para casi nadie. Se las arregla, estoico, dice Ricardo Piglia, y describe el signo de Virgo. El escritor "modesto, opaco y abstinente", continúa su descripción. Es que al adueñarse de su identidad virginiana se repliega y adquiere una política

43 "Los poetas y mitólogos griegos tomaron de los egipcios la idea del caduceo de Mercurio. Es un símbolo cósmico, sideral o astronómico, lo mismo que espiritual y hasta fisiológico, y su significado cambia con su aplicación". Helena Petrovna Blavatsky, *Glosario teosófico.*

de la modestia. Los laberintos borgeanos muestran las dos caras de la búsqueda de explicaciones para encontrar el sentido del mundo: un orden irreversible para quien posee la solución (dios o los dioses) y puede ser simultáneamente una caótica construcción para quien la solución es inasequible (los hombres). Admite, dimite ante los dioses y frente a la biblioteca interminable que encierra al hombre en una búsqueda constante del secreto de la razón, pero deja para los dioses la solución. Reubica lo humano como un texto sin solución, entonces propone la modestia. En ese ir indirecto (tal como uno se desplaza en un laberinto) aborda el lenguaje como un código que irá develando formas abstractas, mistéricas.

En las meditaciones conscientes de las mentes sensibles de estos artistas, como cuando Borges centra su atención en un elemento microcósmico que encierra el universo, ocurren sucesos como "El Aleph" —en lo íntimo de una piedra. Así surgen las contrastaciones creativas. ¿Es la paradoja de la semilla que guarda un mundo una posible reconfiguración de la mente sensible? ¿O solo un prodigioso TikTok de la mente? Por ahora asciende y desciende por el caduceo de Mercurio-planeta regente de su signo, dios de los poetas y los literatos, mensajero de los dioses olímpicos. El Borges de "El Aleph" intenta mantener el orden y las costumbres, pero luego de una enumeración caótica, reproduce un suceso primordial de la mente al vivificar lo "inerte" y encontrar el universo latiendo en una piedra. Quizás Borges haya escrito allí el manifiesto de una inteligencia que nos precede: "¿Existe ese Aleph en lo íntimo de una piedra? ¿Lo he visto cuando vi todas las cosas y lo he olvidado?".

Lo tortuoso de las personas de Virgo es permanecer en un intelecto crítico. Virgo observa el constante desajuste propio y de los demás; el perfeccionismo —el tranquilizante farmacológico de Virgo— vuelve al "error" paralizante. Como si el Borges de "El Aleph" fuera por su lado profundizando el lenguaje y el otro Borges trastabillando en el empedrado de la vida corriente. ¿Qué energías de su código natal, de su sistema biosférico, se va a apropiar y cuáles va a externalizar para que su identidad encuentre el éxito que lo confirme? "A Borges nunca pude imaginármelo vivo, ante el paisaje de ficciones y ensayos perfectos", dice Abelardo Castillo, quien buscaba una temperatura humana —que Virgo no posee como característica destellante—, "rico en literatura, pobre en humanidad, rico en cultura, pobre en vida, en emociones". Sin embargo, Castillo, el escritor de los talleres pasionales, no conoce que en el código de Borges, su ascendente en Cáncer lo humaniza.

Códigos natales en sinastría

Sinastría ("sin-sim"): sincronía, sinestesia, simpoiesis, simbiosis. En la sinastría se observan aspectos de complemento, de tensión, o de fluidez entre dos o más códigos natales.

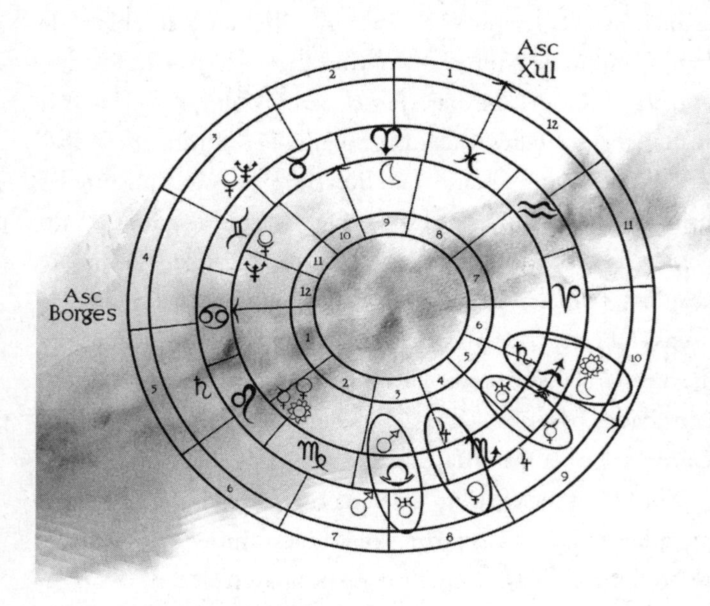

Carta interior: Borges. Carta exterior: Xul.

Soles en tensión: ¿existe lo subjetivo y lo objetivo?

Xul: Sol en Sagitario, en Fuego.

Borges: Sol en Virgo, en Tierra.

¿En cuántas ocasiones Borges se habrá sentido tenso, incómodo incluso por las exageraciones de su amigo Xul, por las distorsiones del lenguaje? ¿Tal vez al enfrentarse al tablero de ajedrez, que para Xul representa un juego de constelaciones, o por la astrología misma? ¿Por el peronismo? ¿Y Xul, que se afirma en sus saberes, desanimado ante la "cultura enciclopédica" y la concentración del escritor? Impaciente Xul, ante las rutinas y la pulcritud de Borges. Demorando el andar de sus piernas como zancos ante los pasos inseguros de su amigo. ¿Cómo acompañar a Xul en su danza luminosa, sin que nada lo ensombrezca?, se preguntará Borges, o ¿cómo ayudarlo a que venda algún cuadro? Si no es desde la solaridad de sus identidades básicas —uno de Fuego y el otro de Tierra— en tensión según la sinastría, ¿qué los magnetiza?

Xul niño sabe el ritmo del agua marrón del Delta, al igual que quienes habitan las costas maleables. Entiende que la tierra no domina el agua, más bien parece avanzar o desaparecer según las mareas. Es flexible como un junco, pesca en la ribera, escucha el ruido de calafates y astilleros. Sale en lancha con los padres; vive en el continente, pero comparte su vida con los isleños. Sarmiento, el acuariano innovador, inaugura una escuela para los vecinos de un lado como del otro del canal de

San Fernando. Gratuita y para todas las infancias. Xul pasaba por un mercadito para llegar a la escuela. Temprano por la mañana encontraba al pescadero limpiando los dorados y los surubíes en la fragancia barrosa del río. Configura una imagen inicial de sí fluida como el Agua y encendida por el Fuego continuo que se alimenta con la confianza obtenida de su familia. También absorbe las vibraciones musicales de la mano del abuelo, Alexander Schulz. La composición musical, de su padre Emilio, y aprende a tocar el violín que lo envuelve en ondas sonoras. Intenta volar con alas de papel desde una terraza y consigue su habilidad para hacer equilibrismo en una cuerda futurista sin miedo a romperse la cabeza. Xul se expande, por ahora.

En cambio, leemos en el libro de Martín Hadis, *Memorias de Leonor Acevedo de Borges*, que Leonor, la madre de Borges, decodifica al niño de Virgo con precisión, y dirá que Norah (su hermana) era la inquieta, y que Borges la seguía porque tenía vergüenza de decir que tenía miedo. Que era ordenado. Que, si lo encerraba en el baño como penitencia, pero sin llave, eso bastaba para que no saliera. Leonor separa de manera quirúrgica lo que Borges es y lo que no es. Y ese cuerpo de Borges niño, que recibe un código genético de limitación de la vista, será procesado más adelante según ciertas especificidades de su Sol en Virgo, tan bien descritas por su madre. Borges se contrae, por ahora.

¿Cómo podrían jugar juntos?

"El pobre Borges ya era corto de vista, y no nos gustaba que leyera tanto, era demasiado juicioso, y sus composiciones ya merecían felicitaciones". "Estaba todo el día con el diccionario en la mano, buscando el origen de una palabra". "Yo estaba muy segura de que sería escritor", dice la madre, llena de deseo, y lista para impulsar a su hijo.

Con el oído musical y un intenso trabajo para reformar el castellano —al que consideraba atrasado varios siglos, ya que no respondía a verdades reveladas—, el músico, pintor y astrólogo compone un idioma "estrafalario" donde se descubre al leerlo un sentido musical con vocablos vibrantes como nombres de ciudades precolombinas.

¿Cómo podrían crear juntos?

"La habitación sencilla y pequeña de Georgie solo tiene una cama y una biblioteca, nunca ha querido poner otro mueble, él se siente feliz ahí", dice Leonor. Borges se afirma en su mapa urbano reconocible.

Xul, en cambio, aunque es austero para sí, busca la naturaleza, la selva blanca del Delta y sus juncales que se multiplican. También logra convertir su casa en un club, el Pan Klub, un espacio de arte y enseñanza esotérica. Y en Vuelvilla, la ciudad que retrata Xul con plena libertad para moverse en los cielos, describe su "arquitectura para la felicidad", con sus ciudades voladoras y casas sobre pilotes en el agua.

¿Cómo podrían vivir juntos?

Sin embargo, Xul, el astrólogo artístico, conmueve al escritor profundamente. ¿Será él, que ama lo divino y se expande de continuo "como una nube de fuego", quien ha encendido al escritor para que espirale los textos como Mercurio, con alas en los pies? "El tipo raro" es un dron para Borges: le transmite desde el cielo lo sinuoso que es el laberinto. Borges avanza tanteando con el bastón, a la manera de Virgo, pero cimentando su escritura, construyendo su obra, irradiando solidez. Algo que a Xul le costaba. ¿Quién guiaba a quién? Los cambios en el entendimiento no dependen entonces de la solitaria voluntad sino de ser "amigo", sim-pático con ese otro tan distinto, uno con el otro, y es en la interacción donde algo se activa, aunque tal vez no pueda captarse el todo. Un suceso de reconfiguración que ocurre también para Xul. La primera edición de *El idioma de los argentinos*[44] (1928) fue un libro colaborativo. Escrito por Borges e intervenido artísticamente por Xul. "Poema" (1931) fue también creado en simpoiesis. Tal es el enigma que se abre para los amigos y es ese el destino misterico del arte y de los libros.

44 Libro publicado en Buenos Aires por M. Gleizer Editor, en 1928. "Escribo imágenes y no dejo de saber lo traicionero de esa palabra. Intuiciones, prefiere definir Croce, y en su sentido estricto de percepciones instantáneas de una verdad, la palabra me satisface, pero está usurpada por significaciones connotativas, adivinación, ocurrencia, corazonada que la echan a perder". El capítulo "La simulación de la imagen" está ilustrado por su Xul.

La Luna como función

☾

Sentimiento de acogida, crianza, maternar, las infancias, nutrir lo vulnerable. Lo afectual-cognitivo. La memoria. El eterno retorno. Los talentos de supervivencia. Lo telúrico y ancestral. La Tierra como Gaia. Preservar la semilla, la conexión con la "madre" naturaleza. La tribu.

"Las palabras son símbolos que postulan
una memoria compartida".
JORGE LUIS BORGES[45]

En la ficción futurista surcoreana *Mar de la Tranquilidad*[46] —mare Tranquillitatis es un extenso mar dulce lunar—, la Tierra ha sufrido un proceso de desertificación. El agua es el bien más preciado y su cuota la regula el Estado según la clase social. Envían un equipo de astronautas a la Luna en busca del "agua lunar": cada gota se multiplica indefinidamente, sacia la sed, pero uno puede ahogarse en ella. Solo hace falta saber cómo es ese mecanismo interior de la sustancia. Luego se verá que el verdadero descubrimiento es una niña llamada

45 "El Congreso", *El libro de arena* (1975), *Obras completas 3.*
46 Película de Park Eun-kyo y Choi Hang-yong (2021).

"Luna", que guarda en su ADN un salto en la adaptación genética, la verdadera respuesta que buscan a la supervivencia de la humanidad. Es preciso un salto en el código biológico, pero también en el código de representación de una humanidad infante que ya ha extraído de su madre tierra toda la sustancia vital hasta agotarla. Pero quien dependa de la Luna puede saciar su sed, tanto como ahogarse en ella.

Ese satélite cercano a la Tierra, como a la literatura, es también evocado por Borges en una carta a Evar Méndez de 1924: "De regreso de Europa, redescubro la ciudad, en dulces calles de arrabal enternecida de árboles y ocasos. Yo he estado siempre en Buenos Aires. (...) Este poemario (...) será su nombre *Lunario de Enfrente* o *Luna de Enfrente*". La Luna, el lunario, es la metáfora afectiva del "lugar" sentimental de origen, pero no es un mero depósito de recuerdos, sino todo un mecanismo. El Agua como elemento sentimental en la astrología asociado a la Luna como función guarda en sí la fórmula que hace posible la vida para que algo crezca. Tal como la niña Luna de la ficción surcoreana, el patrón lunar simboliza la adaptación para la supervivencia en la infancia y quedará como huella psíquica. Luego, el signo en que se encuentra denota la cualidad del refugio: de piedra fría o abrigado, doloroso o amoroso, un espacio invariante en la memoria adonde volver. Ese surco en la memoria de la humanidad es además una voz que infantiliza. Es la representación arquetípica nutricia (encarnada en cualquier identidad de género) que posibilita y condiciona a la vez. La Luna también guarda talentos, pero sobre todo los mecanismos exitosos para la vida afectiva. Es allí, en la Luna, donde los astronautas se verán en la disyuntiva de repetir conductas

—se matan entre ellos para salvarse o liberan a la niña como signo futuro de evolución. Como recurso sensible es la política del cuidado y la sabiduría ancestral de la Pachamama. Gaia, la diosa griega de la madre tierra. La hipótesis Gaia, de James Ephraim Lovelock[47], es una visión ecológica de la tierra, y su "hospitalidad" se basa en la homeostasis de la biosfera. Esa teoría de la capacidad de recuperar el equilibrio formulada en los sesenta no había sido llevada aún ante el umbral de 2022. Con la biosfera rota, la humanidad sedienta en la ficción surcoreana busca el agua del mar de la Tranquilidad de la Luna. Una mujer de la tripulación rompe todos los protocolos cuando advierte el secreto inscrito en el código de la niña. Pero si el resto comienza a repetir mecanismos violentos sin cooperar entre sí, será imposible acceder al "salto" genético que ha hecho la niña y la expedición va a fracasar. En la memoria colectiva, la repetición es la extinción de cualquier proceso creativo sistémico de la Gaia de Lovelock.

El lunario es un álbum de recuerdos oculto en los textos y que se cuela en las autobiografías. Un traductor emocional que procesa todo —parientes, sucesos, ofensas, imaginación, amores, redes, mascotas—, también las prácticas artísticas y la vida misma; sin embargo, el resultado está siempre desactualizado, dictado desde la rémora[48] de la infancia. Una versión de mí montada sobre la niña que fui. Pero ¿qué talentos oculta esa niña que sí ha podido modificar su ADN? O tal vez el ADN

47 James Ephraim Lovelock fue un científico independiente, meteorólogo, escritor, inventor, químico atmosférico, ambientalista, famoso por la hipótesis Gaia, que visualiza a la Tierra como un sistema autorregulado.
48 Antiguamente se creía que las rémoras (pez) podían detener los barcos.

ha ensayado una transformación de sí mismo, como sucede en la dinámica del código natal cuando nuestra estructura psíquica cambia para beber el agua lunar sin ahogarse en ella. Para el resto de la tripulación y de la humanidad, si persisten en la repetición, el agua lunar que nutre puede matarlos.

Luna en Sagitario de Xul: las *mammas*

La función lunar, su registro infantil y su memoria están en Sagitario, signo número 9, de Fuego, mutable. Regente: Júpiter, dios de la filosofía.

> "De repente me hallé otra vez en el mundo, amando a lo divino, como en una nube de fuego continuamente".
>
> Xul Solar

Xul está en una sesión de psicoanálisis imaginaria. El terapeuta se divierte con sus relatos, a veces exagerados. Llega a sesión cargado de sueños, pero ya interpretados por él mismo con su propio sistema simbólico. Defiende una organización interna en su biosfera que quiere autodescribirse con una lengua de su invención. Los cincuenta minutos pasan rápido, el terapeuta se desconcierta: Xul es abierto y radiante, pero despliega su propia síntesis de la sesión, obturando la del analista. En el minuto final, Xul le regala una pequeña acuarela que activa la mente entrenada del analista. Es una casa palafito, construida sobre un cuerpo de agua tranquila, iluminada por dentro con un fuego que la entibia. Configura su refugio de agua tibia y se resguarda en su saber. Niega que niega, anota el analista al cerrar la puerta.

Xul se acuna en la confianza y el amor multiplicado de las dos hermanas Solari, que van a protegerlo y acompañarlo por el resto de su vida: la madre de Xul, Agustina, y su hermana Clorinda, la tía insomne, quien nunca formará su propia familia y vive con los Schulz desde el inicio del matrimonio. Xul va a llamarlas las *mammas* (del italiano), como signo de representación de una Luna en Sagitario expandida. El afecto y la valoración del clan Solari en una infancia sin conflicto, o al menos el relato infantil de su recuerdo húmedo entre el vaivén de las mareas minimizó seguramente dolores y sufrimientos, y cualquier otra corriente profunda que amenazara la trama familiar. La tía Clorinda, que había registrado su nacimiento "en un día radiante de sol", continuó relatando la vida familiar y el crecimiento de su sobrino en libretas pequeñas. Hubo días radiantes para la familia, que progresaba con la cervecería a vapor, y uno triste cuando ocurrió la muerte de su hermana. Xul tenía siete años. Fue la fiebre tifoidea, que él mismo había tenido algunos meses antes. Xul quedará como hijo único. No se encuentran marcas crudas ni elaboradas acerca de la muerte de la hermana, ni mediadas por el lenguaje o la pintura, ninguna marca de dolor que referencie el terrible suceso. Aunque haya cuadros como *Entierro*, de 1914, donde una persona muerta desencarna y adquiere forma fetal, Xul no es aquí elocuente como cuando está determinado a decir. Su Sol en Sagitario simboliza su singularidad optimista para un futuro mejor en su estética de lo posible, pero con la Luna también en Sagitario late con fuerza la necesidad de que nada lo desilusione. Recrea en sus pinturas casas que sean capaces de estimular, cada vez más, esa radiante sensación de infancia.

Xul adulto deseará que no exista ningún conflicto en su horizonte; el dolor y las dificultades se vuelven incomprensibles. Idealista y crédulo como lo describen, con la necesidad de construir saberes en los que confiar y comunicarlos a los demás, señalarles el camino. Afirmaba que se alimentaba con flores. Un mediodía, almorzando en casa de Ulyses Petit de Murat, amigo de Xul y de Borges, los invitados encontraron una mayonesa de ave en su plato, salvo Xul, que se topó con uno lleno de flores del jardín. El alimento de los hombres del futuro.

Victoria Ocampo había conseguido una mecenas para el pintor que no había vendido un solo cuadro, era una marquesa millonaria. La marquesa le hizo una pregunta, a la que Xul respondió: "No sabo". Ante la duda de la mecenas, persiste en cambiar el verbo *saber*, que le parece inapropiado. La ingenuidad de Luna en Sagitario se sostiene emocionalmente con sus convicciones filosóficas, para recrear el sentimiento de un mundo mejor, uno que siempre podrá transformar. Incorpora correntadas de símbolos para armarse la cartografía de un sitio luminoso que siempre lo acompaña. La percepción anfibia adquirida en el Delta lo confirma como miembro de una comunidad biótica y diseña un modelo de sociedad avanzada. Todo lo sintetiza en el arte con carácter de escritura para completar su mensaje. Pero Xul necesita esa libertad y esa enormes dosis de confianza garantizadas, y solo puede avanzar si cuenta con esa sensación de bienestar. ¿Qué tamaño tienen sus ilusiones y cuánto depende de sostenerlas en ocasiones en que el sentido se suspende y el futuro se opaca?

No sucedió solo en la mansión de las Ocampo, ya en 1910 Xul manifiesta en un cuaderno: "Hasta cuándo: hoy otro rechazo, reveo mis fracasos y tristes abortos de ilusiones". Escribe: "Mis penas deletéreas son de parto, estoy preñado de un inmenso y nuevo mundo (...). Quiero fundar una nueva religión y crear un mundo para mis seguidores". La moneda virtual de Sagitario, su riqueza, está basada en la confianza y las aspiraciones.

Los viajes también operan como la garantía de que sí existe un mundo amplio. El mantra "me voy de viaje" para reconfortarse de alguna decepción es el mantra de la Luna en Sagitario y de Xul. Aunque más adelante se traten de viajes internos para salir de lo real. Así construye su propio mito: "En la universalización radica la fraternización y la fraternización es la esencia de la religión de Cristo, lo comprendí cuando me marché al otro lado del mundo metido en un carguero". El motor inicial de convertirse en monje de un monasterio del Extremo Oriente se apaga al llegar a Europa por un "malestar repentino". Es joven, y el balance entre religiones aspiracionales y la bella casa de la familia materna en Italia lo inclina para quedarse en el Mediterráneo. Nunca llegó al monasterio del Tibet.

Enseguida, las *mammas* le avisan que van a su encuentro. Así se conforma la representación afectiva de la Luna en Sagitario en el extranjero: sus *mammas*, más la casa familiar en Italia, son garantes de su expansión. Xul le escribe una postal al padre, que a esa altura ya es director de la penitenciaría de la avenida Las Heras en Buenos Aires: "Je suis content d'être avec les mammas". Así, Xul experimenta en forma simultánea la expansión sagitariana y el tirón de su ascendente (Piscis: impulso espiritual), pero llevando siempre tras de sí su doble Luna: las *mammas*. En la misma línea, más adelante, su tía protectora comprará la casa de la calle Laprida, donde vivió treinta y cinco años y donde actualmente está el Pan Klub, el Museo Xul Solar. Se refuerza la ilusión de que todo se resuelve felizmente. Hacia el final de su vida, un periodista que lo visita en su casa lo retrata: "idealista y confiado, algo infantil". Anciano, alto y erguido, Xul se confiesa: "tengo 73 años y soy un utopista de profesión".

Luna en Aries de Borges: "el cuchillo en la mano"

Luna en Aries, la función nutricia, la memoria, el refugio en Aries, signo de Fuego, lleno de iniciativa, incluso agresividad. Regente: Marte, el dios de la guerra, el impulso y el valor.

"Hasta la hora del ocaso amarillo
cuántas veces habré mirado
al poderoso tigre de Bengala
ir y venir por el predestinado camino
detrás de los barrotes de hierro,
sin sospechar que eran su cárcel.
Después vendrían otros tigres,
el tigre de fuego de Blake".

Jorge Luis Borges[49]

49 "El oro de los tigres", *El oro de los tigres* (1972), *Obras completas 2.*

Otra alegoría para la Luna en la astrología sería una cavidad en algún lugar de la mente en la que anida un cerebro antiguo, activo aún en estímulos vinculados con el hambre, la sed y sus valiosos mecanismos de supervivencia. Sucesivas búsquedas de protección y satisfacción a nivel humanidad derivan en construcciones como la tribu o la familia, aunque puedan volverse una pesadilla.

Un *zoom* en el signo en que está la Luna en el código natal acerca la textura de la caverna que concentra símbolos activos para tranquilizar la emoción cuando surgen los miedos de la infancia. Surcada de metales, con un lago oscuro al fondo o un río subterráneo de agua cristalina, tenga estalactitas cortantes, sea helada o tibia ante la intemperie, será siempre refugio. En la novela familiar de Borges, la Luna en Aries, cuyo regente es el planeta Marte/Ares con sus atributos de guerra, coraje y ferocidad, ese refugio lunar —como función de crianza—, será para él incisiva como el metal brillante. Determinante en el deseo, y de gran estímulo, que se manifiesta como un pinchazo continuo. Esa marca recurrente es la representación de la intrusión de la función materna en Borges, encarnada en Leonor, pero es también el estímulo a la acción, a no detenerse, a producir siempre. ¿Es el tigre el animal emblema de Borges? Signo de la amenaza de ablación en su cuerpo y, a la vez, de ser él mismo un indomable animal. ¿Y los cuchilleros, la fascinación por las puñaladas, las dagas, la fisiología de las heridas y los rebencazos? Borges traza en su caverna-refugio una pintura rupestre de las cinco zarpas de la mano del tigre. Irá una y otra vez a visitarlo al zoo, lo dibuja de manera recurrente, lo incluye en sus poemarios. Cuenta Leonor que

Borges sentía pasión por los animales, sobre todo por las bestias feroces. Borges nos informa que, a diferencia de un ciego encerrado en un mundo negro, hay un color que no le ha sido nunca infiel: el color amarillo de los tigres. Escribió un poema titulado "El oro de los tigres" y seguía ocupándose del majestuoso animal a los treinta y cinco años, cuando dirigía con Ulyses Petit de Murat la *Revista Multicolor de los Sábados*, del diario *Crítica* y le gustaba dibujarlos.

> Con evidente y aterrada felicidad llegué a ese tigre, cuya lengua lamió mi cara, cuya garra indiferente o cariñosa se demoró en mi cabeza, y que, a diferencia de sus precursores, olía y pesaba. No diré que ese tigre que me asombró es más real que los otros, ya que una encina no es más real que las formas de un sueño, pero quiero agradecer aquí a nuestro amigo ese tigre de carne y hueso que percibieron mis sentidos esa mañana y cuya imagen vuelve como vuelven los tigres de los libros[50]. (Visita a un tigre en un zoológico).

En la siguiente escena, Borges, pequeño de edad, pero de buen tamaño, en franca transferencia con la bestia feroz, se niega a abandonar la jaula del tigre, causando en la madre temor a ser golpeada. "Y yo, muy pequeña, sentía miedo por él, que era grande y fuerte. Temía que se enojara y me golpeara", dice Leonor. Cuenta Ulyses Petit de Murat que Borges, en el umbral de la adolescencia, le daba un poco de miedo a Leonor. Tenía aficiones tiránicas que Leonor y la abuela le satisfacían:

50 "Mi último tigre", *Atlas* (1984), *Obras completas 3*.

"Leonor me leía largos textos en voz alta y yo no siempre fui debidamente paciente con ella", le confiesa Borges a Osvaldo Ferrari.

El único material en el mundo que tiene a Borges como actor es la película[51] basada en el cuento "El Sur", en donde empuña un cuchillo con un final incierto.

La misma Leonor, su madre, su refugio, su Luna, se autocalificaba "salvaje unitaria", y lo era. Mujer enérgica, de rápidas decisiones y muy práctica. Estuvo presa y sufrió amenazas de muerte por teléfono. Inventó el final de uno de los cuentos

51 Escena rodada en 1977. Dirigida por José Luis Di Zeo y Tadeo Bortnowski. Se estrenó en 2007 con el título *Borges, un destino sudamericano*.

más conocidos de su hijo: "La intrusa". Eligió para traducir del inglés una novela corta que tituló "La mujer que se fue a caballo", de D. H. Lawrence. Como también *Las palmeras salvajes*, de William Faulkner. ¿Estas elecciones reflejan algo más que su gusto literario?

Borges, en una consulta astrológica imaginaria, es afable, interesado incluso en este lenguaje sagrado; escucha a la traductora de símbolos cómo enlaza signos con indicios de su vida textual y de su existencia al interpretar la carta natal; entiende que la "salvaje unitaria" Leonor, con su aliento en la nuca, es quien lo impulsa a avanzar siempre, al coraje siempre. Le provoca a Borges el temor a quedar cautivo como el tigre (entre rejas, entrecasa), a perder un miembro, un órgano imprescindible si se queda quieto. La astróloga le cuenta que es así cómo se confabulan los signos: los literarios, los afectivos, los astrológicos, los sucesos y los vínculos. Es su madre, pero es la personificación de su Luna, información de su código natal, que puede actualizar. Pero Georgie —como lo nombraba la madre—, de Virgo, a medida que su ceguera avanza, acumula en el cuerpo esta carga feroz de Aries, que ya no le es posible liberar y se espirala hacia una personalidad contenida. En la consulta, le señala a Borges —entrenado en la paradoja— que la constante estimulación genera en él un registro de seguridad, a la vez que le dispara un hacer continuo. Esta gran actividad mental y física —un buen nadador, a favor y en contra de la corriente— la descargaba también en sus larguísimas caminatas.[52] Entonces,

52 Tal como lo relato en la sección Caminar con Borges, del posfacio "El viaje de Ulyses", en *Borges Buenos Aires*, la biografía. Ulyses Petit de Murat pasaba a buscarlo por su trabajo de la calle Dorrego, y en sus largas caminatas iban tra-

en el lunario de Georgie quedarse inerte es peligroso, y Leonor no lo permitió. El tigre parece advertirle que es mejor moverse para no claudicar, aun en el mínimo espacio del interior de la jaula, aun en el ceñido y ciego espacio de Virgo. Valeroso, como Marte (regente de Aries), a la iniciativa en términos literarios, encabezando vanguardias. Cuenta María Esther Vázquez que Borges le hizo alguna legítima burla a Lugones, de un joven al poeta mayor. Lugones quiso batirse a duelo. El arquetipo del gaucho-poeta-payador (culto) en duelo contra el poeta menor vanguardista. Sus amigos se lo impidieron, dada la pésima vista del joven; más que duelo sería asesinato. Lo que se desafiaba era la renovación de la argentinidad en las letras, y Borges corta lanzas con la vieja tierra de la literatura. De tanto en tanto, el callejero arriesgado de Aries se lanza en pleno impulso afectivizado, para ingresar luego al laberíntico sendero de Virgo y ahí, en esa aparente disritmia, en el doble movimiento, a veces Borges trastabilla. Agrega Leonor: "Georgie tuvo dos accidentes graves, uno de ellos cuando era niño. Se cayó del primer coche de un tranvía y las ruedas del segundo le pasaron a solo algunos centímetros de la cabeza; le cortaron algo de pelo, a los anteojos no les pasó nada, pero se había golpeado la nariz. Tuvo otro accidente horrible, estuvo cierto tiempo entre la vida y la muerte. (...) Había delirado, veía entrar animales y monstruos por la puerta". Está atravesando una niebla temible, en la que los monstruos le soplan en la nuca y lo expulsan de zonas literarias conocidas, de una *expertise* comprobada. Borges ahora exhibe la

---

zando el mapa de Buenos Aires. Mientras las cataratas lo alejaban de la realidad, siguieron caminando: primero con la ayuda del bastón, y luego tomado del brazo de Ulyses. Borges lo nombra "Compartidor de calles y versos".

profunda cicatriz en su cabeza como "marca", la zarpa del tigre que lo ha alcanzado, tal como exhiben los arianos sus marcas de guerra (golpes o caídas deportivas o por llevarse los muebles por delante). Surge el deseo de expandir su literatura al círculo siguiente, la "marca" de Borges escritor. Esta vez "su" deseo asalta a Leonor por sorpresa. Deja de escribir lo mismo que antes. Son cuentos fantásticos y de ciencia ficción —aunque borrará las marcas del género—, su mente sensible se ha reconfigurado.

Es un año crucial para él: 1938. El corte en la cabeza ocurrió con la arista de una ventana abierta, el filo le corta la frente y le provoca una grave septicemia. En ese mismo año muere el padre. "Cuando volvió a casa se puso a escribir un cuento fantástico, el primero", dice Leonor. ¿Cuánto habrá tenido que ver Xul en este giro[53]? En la sinastría —la comparación de mapas—, el Urano de Xul cae como un rayo de claridad sobre la Luna en Aries de Borges. El planeta Urano, el dios de la libertad, el planeta disruptivo. Urano es lo impensable, está en el aire y levanta hacia el cielo cualquier diálogo, plano, terreno literario. Urano está destacado en el código natal de Borges, en un aspecto de tensión con su Sol y gestiona lo inesperado para esa identidad solar virginiana. Así, el corte en la simbiosis lunar con la madre libera una apertura a otros géneros que va a sorprender a Leonor, no solo literariamente. "El libro que yo le había leído en

53 "Lo insólito era la costumbre de Xul. Una noche, al doblar la esquina de Dorrego y Cabildo, se nos apareció a Borges y a mí. Con toda naturalidad tuvo lugar el siguiente diálogo: 'Xul, lo noto más alto'. 'Siempre me sucede, Georgie, cuando se produce una coincidencia de Venus y Marte [o los planetas o estrellas que fueran] crezco unos diez centímetros'. En otras ocasiones le describía a Borges el hombre del futuro". Ulyses Petit de Murat, *Borges Buenos Aires*.

la clínica era *Crónicas marcianas*, de Bradbury (que él prologó más tarde). Y luego solo escribió cuentos fantásticos que me dan un poco de miedo, porque no los comprendo muy bien. Un día le dije: ¿Por qué no escribes las mismas cosas de antes? Me contestó: 'Dejá, dejá'. Y tenía razón". Cuando sufre el accidente que describe en "El Sur", teme haber perdido sus capacidades literarias. El personaje, Dahlmann, sueña que está en un sanatorio.

"Sintió, al atravesar el umbral, que morir en una pelea a cuchillo, a cielo abierto y acometiendo, hubiera sido una liberación para él, una felicidad y una fiesta, en la primera noche del sanatorio, cuando le clavaron la aguja. Sintió que si él, entonces, hubiera podido elegir o soñar su muerte, ésta es la muerte que hubiera elegido o soñado". Tal vez, Borges imaginaba que, de ser otro, sería un cuchillero y encarnaría una versión criolla de Marte, el dios del combate, el planeta regente del signo de Aries y avanzaría con su deseo, no ya con el de la madre. Sucede en su existencia, tanto como en su vida estética.

La madre le lee también algunas páginas de *Fuera del planeta silencioso*, una novela de C. S. Lewis recién publicada, parte de la trilogía cósmica donde un profesor universitario viaja en una extraña nave hacia el planeta Marte (excusando la literalidad, Leonor: Luna en Aries, regente Marte). Allí el profesor está por ser sacrificado, pero se zafa de sus captores. Por primera vez, en esta emergencia, el cambio en la escritura de Borges responde a un impulso por fuera de la infancia, fuera del lunario. Irrumpe lo extraño para la conciencia de sí, liberando información vital de su código. Es Urano que tiene en su menú la ciencia ficción y adopta la metáfora de la biblioteca distópica: "La biblioteca de Babel", que deriva de un relato de

Kurd Lasswitz, escritor, científico y filósofo alemán, padre de la ciencia ficción alemana. Borges lo conocía y lo cita en el ensayo "La biblioteca total", publicado en 1939 en la revista *Sur*, donde lo menciona como el primer expositor del concepto de una biblioteca de extensión ilimitada, que permitiera la combinación de todos los signos del alfabeto. "'La biblioteca de Babel' es una reescritura del cuento de ciencia ficción 'La biblioteca universal' (1907), adaptado por Borges a su universo fantástico y metafísico, borrando en el camino todas las marcas propias del género", según Carlos Abraham.

"Es el escritor más peleador de la literatura argentina", asevera Pauls. La literatura fue su campo de batalla, los libros en armas. El duelo está en el origen de la ficción de Borges ("Hombres pelearon", 1928), y este componente agresivo, de controversias intelectuales, de venganzas y epopeyas, aparece a veces de manera indirecta, irónica, filtrada por su signo Virgo: "la ironía" como dispositivo literario —se verá con más precisión en Silvina Ocampo— contiene e intelectualiza al espiralar el impulso primario de Aries con la racionalidad de su signo solar. Borges recurre al avance —azuzado por la madre Luna— como método de supervivencia, al estado de "combate" de la infancia (la defensa ante la intrusión de Leonor tiene la acción como respuesta) a causa de los continuos pinchazos alentadores, a la vez, del cercenamiento del deseo carnal en medio de un constante recordatorio de los militares ilustres que anteceden a la madre. "Cada vez que me quieren, me invaden. En la acción estoy a salvo, es lo que se espera de mí", podría decir Borges en la consulta. "Fue ella [Leonor], aunque demoré en descubrirlo, quien silenciosa y eficazmente promovió mi carrera literaria". Entre madre e hijo arman una sociedad edípica de gran eficacia. "A cambio de su devoción, él puede dedicarse por completo a su literatura, parece pagar los servicios de su madre con la garantía de una vida relativamente célibe", dice Pauls. Como ser indomable no fue una alternativa por su ceguera, Borges asciende a la dicha del conocimiento sublimando la vía de Eros: "Neutral, como Suiza", señala Petit de Murat. Toda una estrategia para vivir con la madre.

Borges persigue una alucinación escondida en una esquina de la infancia. Cerca de su casa de la calle Serrano, en esas orillas de Buenos Aires, circulaban cuchilleros que se agigantaron en su memoria. Escribe en "El puñal":

> En un cajón del escritorio, entre borradores y cartas, interminablemente sueña el puñal con su sencillo sueño de tigre, y la mano se anima cuando lo rige porque el metal se anima, el metal que presiente en cada contacto al homicida para quien lo crearon los hombres.[54]

En este relato de 1930 reúne su obsesión infantil por la ferocidad de los tigres con el puñal que espera una mano para animarse. Es una invocación literaria de fuerza poética que se filtra en la frontera semiótica de líneas de puntos entre la obra y el hombre. Aparece su objeto fetiche, el puñal es la espada de Marte/Ares, el dios griego viril y violento dialoga con el hombre de Virgo, que se ubica humilde y se contiene mientras el puñal sueña entre borradores y cartas.

54 "El puñal", *Evaristo Carriego* (1930), *Obras completas 1*.

La memoria compartida con su madre retiene y evoca un pasado de militares, cuchilleros y arrabales. Él reconoce que el coraje lo sacó de Leonor, además, ella ya lo perfilaba desde chico como un proyecto cada vez más tenaz de ser escritor. Es ahí donde el lado luminoso de la Luna actúa como un fogonazo: es un adelantado, es vanguardia, pelea por su lugar. Salió como un escritor militante, con engrudo y pinceles, a pegar en las paredes la revista mural *Prisma*. Su liderazgo surge de la fuerza contenida, en una combinación entre su Sol en Virgo, como hombre de letras, y el impulso de la Luna en Aries; declara la independencia de la literatura argentina, subjetiva y lunar.

El puñal se imprime, entonces, completando la pintura rupestre en la caverna mental, al lado del tigre. Tigre y puñal, símbolos fetiches de su Luna/refugio en Aries. Recrea una y otra vez el umbral de todos los miedos de la infancia (la ablación) como también los talentos cuando enciende su actividad literaria. Jean Baudrillard comenta la carga simbólica que tiene la literatura de Borges "hacia algunas cosas y eventos que provienen del pasado y se concentra en ese recipiente", como sujeto lírico y atributo propio. En esta línea están "Un cuchillo en el norte", "Los compadritos muertos", "Milonga de don Nicanor Paredes" y "Un libro".

Su Luna en Aries se trans-forma "afuera": es madre-tigre-puñal-impulso-vanguardia. ¿Y en su interioridad? ¿Es un tigre dentro de la jaula que nunca detiene su movimiento? Tal vez su código natal guarde nueva información para codificar.

El refugio bilingüe

La Luna en Aries de Borges está en la casa 9 (casa natural de Sagitario), campo de experiencia del extranjero, la filosofía, los idiomas. El pensamiento abstracto.

Borges nació en cuna bilingüe y está enterrado en una tumba bilingüe. Su punto de partida es la Argentina y su punto final se sitúa en Suiza. Su sentimiento de acogida se resume en la representación de la Luna en la casa 9, como campo de experiencia del extranjero. Las primeras palabras que oye son en inglés. Borges se dará cuenta después que con el castellano eran dos idiomas diferentes. No existe para él una frontera idiomática afectiva, y eligió una lápida con su nombre en castellano, una leyenda en inglés y otra en escandinavo antiguo. Si el afecto tiene el sonido del idioma del hogar, Borges fue arrullado por la musicalidad de distintas lenguas. Como descubre Laura Ramos en su investigación para *Las señoritas*, la abuela inglesa, Fanny Haslam, casada con el coronel Borges, albergaba en su casa de Paraná a alguna de las maestras norteamericanas que traía Sarmiento a la Argentina. Borges nace en Palermo, un barrio que estaba en una orilla, entre lo urbano y el campo, donde la abuela lo habría bautizado Georgie. Sus ojos claros al nacer, parecidos a los de Leonor, ilusionaron a la familia, pero se oscurecieron y entonces se asemejan a los del doctor Borges. Georgie vivió en esa casa, hasta que se lo llevaron a Europa para que operen allí a su padre, donde fue un testigo adelantado de su propio destino. Aunque Georgie fue Borges en Buenos Aires y desarrolló aquí su literatura durante cuarenta años, a partir del año 60 comenzó a viajar de nuevo. Primero, con su madre para dictar cursos y conferencias sobre literatura argentina y, en clara transferencia del refugio lunar-afectual de latitudes amplias, continuó haciéndolo con María Kodama. Conoció a esta argentina-japonesa por el estudio de lenguas anglosajonas y juntos intentan aprender el islandés, porque Borges lo consideraba "una lengua madre". Kodama colaboró con Borges en *Atlas* (1984), una bitácora de viajes alrededor del mundo. En 1986, enfermo de cáncer, tal vez incómodo al imaginar que su agonía fuese un espectáculo nacional, fijó su residencia en Ginebra. Él mismo dictó su epitafio: "Y que no temieran". En la cara posterior dice: "Él tomó la espada, Gram, y la colocó entre ellos desenvainada", que es a su vez el epígrafe de uno de sus cuentos, "Ulrica". Si en vida contuvo su ferocidad y mantuvo en parte la espada guardada de su Luna en Aries por estar imbricada con su signo solar en Virgo, cuando se inspira para su lápida, la libera y la desenvaina. Además de la imagen tallada de siete guerreros que sostienen sus armas.

Aquel que tenga la Luna en la casa 9 (independientemente del signo en que se encuentre) vivirá y se nutrirá por períodos en el extranjero o viajará en muchas oportunidades, como Borges. También se desenvolverá con comodidad dentro de la estirpe filosófica de las lecturas. La mano de Fanny meció la cuna inglesa, pero también Leonor Acevedo, y lo hizo en castellano. Sin importar qué sentido tuviese para nosotros, el escritor, luego de haber asegurado una enorme descendencia en letras en nuestro país, eligió morir lejos de la Argentina. Su código natal (Luna en casa 9) zanja la demanda nacional acerca del destino de sus restos, ya que él liga su refugio a un mundo afectivo extranjero de abuelas, esposas y patrias. En febrero de 2009 hubo un intento de repatriarlo, dolidos de que se escape de la órbita familiar. La Argentina, que nació un 9 de julio y es de Cáncer, es de un signo memorioso y afectivo. El proyecto para trasladarlo al cementerio de Recoleta generó una polémica. Su viuda, María Kodama, se opuso. Ella no le encuentra ningún sentido a eso de ser rioplatense. Leer en la carta natal de Borges su Luna en casa 9 es signar su sentimiento de acogida en el extranjero. No presupone un secuestro de su mujer (ella, que con su extranjería compone también ese campo afectivo), sino un símbolo del refugio amplio de su propia emocionalidad. Yace en paz aquí o allá, en la alternancia de culturas con una y otra mano que mecen la cuna.

Sinastría: lunas encendidas

La luna de Xul en Sagitario, en Fuego.
La luna de Borges en Aries, en Fuego.

Las lunas en Fuego ligan sus entusiasmos vitales. Y esa fluidez que se instaura entre los elementos Fuego-Fuego genera una comodidad afectual-cognitiva a pesar de sus singularidades diferenciadas por sus soles en tensión. Estas energías lunares son fundantes en cada uno. Un hogar permisivo y de apoyo sin condiciones para Xul; y, en el caso de Borges, uno estimulante, pero de constante intrusión para que avance siempre.

Xul y Borges: las dos caras de la Luna

El vínculo de Xul y Borges crea una doble hélice por el movimiento de sus soles: Xul tiene una identidad que se expande continuamente, Borges se concentra. La fricción de sus soles los diferencia en hábitos y linajes, pero aun así se encienden uno al otro.

De Xul, que tenía la Luna en Sagitario (signo natural de la casa 9, en donde estaba la Luna de Borges), ya sabemos que multiplicar idiomas fue una vocación sentida. En el código Borges, la cara luminosa de la Luna en Aries se emparenta con el talento de la Luna en Sagitario de Xul en cuanto a tener la iniciativa suficiente como para tomarse la molestia de participar en un movimiento emergente, escribir, pintar y publicar. Estas lunas en sinastría, en signos de Fuego, encienden una fluidez afectual-cognitiva entre ellos. Avanzar juntos les diluye en parte el temor de acceder a narraciones universales, la base amorosa y de confianza está dada para pasar a un nivel universal de la experiencia. Ser focos de creación y de consistencia simpoiética. No necesitan exaltar sus personajes precedentes, sino reencantar las tramas, en modalidades expresivas multidimensionales.

Sol + Luna en Xul: luz solar

El doble Fuego en Sagitario representa su constante expansión filosófica y su deseo de sumar saberes en su expresión pictórica. Y el tamaño de su esperanza.

Antes que a Borges, Xul conoció a Emilio Pettoruti, en ese viaje que se anunció como espiritual y resultó bien europeo. Se sabe que los viajeros se reconocen en el camino por los emblemas de la aldea —aunque solo postulen la aventura libre—, y los dos pintores jóvenes argentinos buscaron en el otro ese ídem, a la vez que re-crearse para encarnar la futura vanguardia. Pero ponen atención en que ninguno esté más adelante o se rezague en sus intenciones confirmadoras de práctica artística, del entusiasmo, del expresionismo alemán y del geometrismo emergente; insisten en crear una única identidad pictórica con la que proyectan impactar a su regreso a Buenos Aires. Sus singularidades se expanden a la par, y luego de jugar con posibilidades sonoras, Pettoruti encarna al signador que re-crea a Oscar Agustín Alejandro Schulz Solari en Xul Solar (luz solar[55]). ¿Tiene el que nombra, el que signa, poder sobre lo nombrado?

Regresaron juntos en 1924, desde el puerto de Hamburgo. En el barco Xul traía cientos de cuadros enmarcados y baúles llenos de libros. Ya había sido entrenado en Inglaterra por el mago Aleister Crowley, y seducido por los lenguajes sagrados y la astrología como puente entre el cielo y la tierra. Al volver de ese viaje iniciático, dicta un ciclo de conferencias: "La Astrología mejor". Pettoruti logra una exposición individual de inmediato, si bien provoca un escándalo al herir la dignidad costumbrista argentina, se abre a un camino institucional. También es nombrado por el poder centralizado como director del Museo Provincial de Bellas Artes de La Plata y luego miembro de la Academia Nacional de Bellas Artes. Mientras, comienzan a llamar a Xul "polichinela futurista" y le es muy

55 Sol y Luna en Sagitario, en casa 10. Las dos luminarias tan elevadas podrían augurar —y así fue— un lugar de relevancia en la sociedad. Pero las enormes garantías afectivas que necesita la Luna en Sagitario para asegurarse una crítica que lo acompañe lo paralizaron. Sin embargo, el brillo será póstumo.

difícil exponer sus cuadros. Pettoruti era de Libra, un signo de Aire, y tenía la Luna en Acuario, dos energías de gran abstracción y desapego. Ya no son ídem y comienzan las comparaciones. Más arriba o más abajo. Entonces, hay que volver a recrearse, pero ya sin la confianza que la Luna de Xul demanda, observa cómo Pettoruti logra protagonismo. Tiene estrategias muy distintas a las de Xul, quien, en realidad, carece de ellas. Para Pettoruti, el alejamiento del vínculo con Xul no va a representar culpa ni compromiso alguno; será en cambio Xul, con su idealismo y sensibilidad, quien lo sufra. Desde la mirada celeste, sufrir no es el bien único de acumulación posible para el cambio, pero, por ahora, Xul, ya sin alianza con su compañero de viaje, modela sus sueños con las piezas que le quedan. La diferencia entre su solaridad sagitariana y su versión lunar en el mismo signo es que pueda seguir expandiéndose sin derrumbarse.

Borges ya había publicado su primer libro en el 23, *Fervor de Buenos Aires*, y, luego de un viaje a Europa por la salud de su padre, regresó a la Argentina doce días antes que Xul. En los bares de la bohemia nacional todos hablan del manifiesto de la revista *Martín Fierro*[56] (1925-1927) y proclaman la nueva sensibilidad. En un ambiente alentador piensan la "voz" argentina, una temperatura diferente a la de España. Estimulan la misión de un futuro local, tantean registros. Xul

56 *Martín Fierro* fue una publicación centrada en promover el arte y las letras de vanguardia, adoptó el nombre del gaucho de las pampas creado por José Hernández en una operación paradójica de reapropiación del mito anacrónico de la cultura rural argentina para presentarlo en clave urbana y moderna, sin prescindir de la mística.

traía documentos esotéricos, extraños a la conversación; sin embargo, en *El idioma de los argentinos*[57], escrito e ilustrado por los dos amigos, se puede leer materia sensible —"un tránsito del silencio a la voz", "un prólogo continuo a lo naciente". Confluyen en esos bares hasta que se enciende la modalidad vincular que vemos en sus códigos natales.

En este período martinfierrista de Xul vuelven las escenas felices a sus cuadros, pone en imágenes acciones colectivas, danzas, rituales, países y organizaciones continentales utópicas, sin naciones poderosas ni subalternas; en ellas aparecen todos los países latinoamericanos, que se reconocen por sus banderas, y siempre la Argentina. Será el período más militante desde el punto de vista político o ideológico, un artivismo lleno de sentido nacional, situado en la región. Los martinfierristas reúnen a escritores que indagan en un misterio local, escapan de la gauchesca tradicional y de lo europeizante. Fuera de Leopoldo Lugones y Evaristo Carriego, al margen del realismo pictórico también. En el efecto manifiesto de esa vanguardia, el neocriollo de Xul encuentra lugar. Una vanguardia criolla hacia el futuro. Xul, entre otras colaboraciones en el diario *Crítica*[58], que dirigen Ulyses Petit de Murat

57 Publicado en 1928 por Manuel Gleizer Editor.

58 "Hacia mediados de 1933, Ulyses Petit de Murat tuvo una idea genial: le presentó Borges a Natalio Botana, el dueño de *Crítica*, el diario más popular del país. Había que tener imaginación para pensar en ese encuentro. Botana hacía política y negocios, era uno de los hombres más poderosos del país y andaba en Rolls-Royce: algo así como nuestro *citizen* Kane; Borges era un escritor tímido y miope que andaba en tranvía. En ese encuentro, Botana les propuso a los dos amigos que dirigieran un suplemento del diario que saldría los sábados. Borges tenía treinta y tres años y por primera vez en su vida ganaría dinero; además, era un muy buen sueldo: trescientos pesos. La experiencia duró poco

y Borges, escribe un cuento del Amazonas. Pero los porteños no entienden sus serpientes verdes, que provenían no solo de imaginarios selváticos, sino de *La serpiente verde*, de Goethe. En este relato, las fuerzas mágicas de la naturaleza responden a las palabras para cumplir sueños y transformar las enojosas cargas de la vida en nuevas esperanzas e ilusiones.

Sol + Luna en Borges: el tigre en la jaula

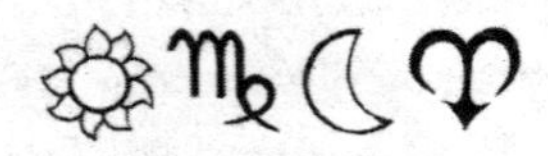

Borges inventó un procedimiento para que otros también lo usaran, dice Piglia. Es lo máximo a lo que puede llegar un escritor: creó una literatura conceptual.

Su Sol de Tierra en Virgo con su regente mercurial de gran velocidad de pensamiento define su identidad mental, concreta pero contenida; de modo que puede volver fórmula, método, su escritura minimalista. Está seguro de que existe un orden, la parte y la totalidad, ya lo entendió. Pero para los nativos de este signo que no logran mediatizar estos conceptos con el arte, perseguirlos se vuelve una obsesión. Las situaciones de intensa intimidad (Luna en Aries) son percibidas como invasión, se activa el dispositivo lunar de la infancia con el mensaje: "salir hacia adelante", es urgente satisfacer a esa madre, producir escritura, dar conferencias, conversar

---

más de un año, de agosto de 1933 a octubre de 1934". Ulyses Petit de Murat, *Borges Buenos Aires*.

con estudiantes fantasmas. Su código Virgo se activa, no solo conceptualizando literatura, también adaptándose a las limitaciones con mayor facilidad que otros signos. La limitante física proviene del linaje del padre, este padecimiento lo arroja en brazos de la madre. ¿Cómo construye entonces Borges su singularidad?

Recordemos que el Sol, como función, es la identidad naciente, y la de la Luna es nutrir, proteger y también, como dice Eugenio Carutti, "es el sustrato indiferenciado del cual surgirán formas primarias de la identidad"[59]. Pero esa plasticidad de la Luna retiene en forma de surcos todo aquello que aparece en etapas tempranas. Si él, o cualquiera, no se descalza de la huella de las eternas repeticiones, ahogará toda semilla de vida propia. El Sol es la singularización, lo que puede independizarse de la función de crianza. Para esto, tiene que ir más allá del ámbito de protección, o de lo contrario se cerrará como un círculo infranqueable. ¿Cómo Borges se vuelve Borges en ese ámbito de simbiosis con la madre? ¿Cómo, confinado por la ceguera, protegido a la vez que estimulado por ella y solo por ella, por la Luna Leonor, pudo desplegarse? Entre lo que lo limita y lo protege, ¿cómo se distingue? ¿Qué lo posibilita y qué lo condiciona? La singularidad puede hacerse cargo del pasado para manifestarse de manera creativa; esta pareciera ser una ley. Sin embargo, si la vitalidad solar, en relación con la vitalidad lunar, es menor, no seguirá diferenciándose. ¿Al leerle, al escribir por él, lo incapacita, lo priva de su fuerza, o ella le entrega toda su potencia para que él se sienta atraído a

59 Eugenio Carutti, *Las lunas. El refugio de la memoria.*

su destino, accediendo al nivel narrativo conceptual y multidimensional que vemos en su obra? Una vez cumplida la función de la Luna podría abrirse una dimensión en la que Leonor quedaría completamente excluida. Sin embargo, los humanos tienden a extender la actividad de crianza como ninguna otra especie, y los hijos usufructúan esto. Quien tiene la Luna en Aries a veces desencadena una conducta exitosa, que es tomar la iniciativa para salirse del campo de protección lunar. Borges parece relacionar el afecto con activar una acción que lo lleve al éxito. Y esto está afectivizado en la madre también, que tempranamente toma ese impulso como centro de su vida. Borges lidia con la intrusión del deseo de los otros e intenta resistir un imaginario proyectado sobre sí. "La relación de Georgie con Leonorcita, su madre, debe de haber participado de la naturaleza general de una épica controversia", sugiere Petit de Murat, y también señala: "El observador exasperado, el escritor de vocación total, ya estaba mirando, tal vez sin comprenderlo, ante la execración maternal, a los guapos que rebrillaban los cortes y sentadas del tango". ¿Se transgrede el deseo de la madre o se cumple? ¿Es Borges en tanto Borges el deseo de esta madre? Esta es la complejidad: desentrañar su Luna a través del ascendente.

Ascendentes

El destino en el ascendente y el yo expandido

El hábito del yo es nuestro colapso íntimo. Del aglutinamiento de yoes surge la mala política y en su inercia colectiva, el antropocentrismo, que es el colapso general del sistema. Desde esta visión de la crisis socioambiental, la manifestación de eventos extremos de la naturaleza no es más que el ingreso masivo de lo negado. "¿No cae la noche cada vez más noche?"[60]. Es posible que este sea un tiempo que nos separe del pasado y que en esta transición caótica se esté invocando un yo expandido. Solamente ampliando la autonarrativa —la identificación lunar o solar-lunar, la centralidad— se puede asumir el regreso de la noche ya no como una pesadilla, sino como la renovación de la visión celeste.

El ascendente, en el código natal como biosfera, revela la distancia entre la centralidad y el margen: es lo extraño al autotexto y lo llamamos "destino". Son vínculos y eventos que parecen salir de la boca de la noche. En cambio, en la estética

60 Friedrich Nietzsche, "El hombre loco", *La gaya ciencia*.

del cosmos, es la continuidad entre la persona interior y el mundo exterior, entre el día y la noche. Mientras la persona se anuncia separada del macrocosmos y de la naturaleza, como soberana de su vida, asiste a un flujo constante de experiencias signadas por la línea que traza el horizonte en el código natal: la flecha apunta a un signo astrológico ascendente y le adhiere un sentido. Es atemporal: la presencia de esa energía está inmediatamente en el campo vincular como un metarrelato potente que agrega entrelíneas. Es el yo expandido en el sistema de interacciones circulantes de cada carta natal como biosfera, enlazada con otras y en lo colectivo. También la literatura expandida procesa notas, citas, experiencias de "vida" en una operación de escritura de complejas relaciones internas y externas que entrelaza al escribiente. Y conduce a una práctica artística que se despliega en la existencia misma en que se produce. Entonces, eso que llamamos vida/obra tal vez se acoja a un misterio en donde la vida es una continuación de la obra y viceversa, y esté signada por información nocturna, que ingresa caótica en la claridad subjetiva del día. El ascendente se puede presentir como un yugo o como información que religa y desborda el recorte del yo preciosista. El ascendente es un superícono del destino. Entonces, el ascendente puede producir una reconfiguración estructural de gran belleza, de orden cósmico o que simplemente abramos los ojos a lo que ya estaba ahí.

Ascendente en Piscis: la oceánica curiosidad de Xul

Ascendente en Piscis, signo 12, último del Zodíaco, Agua, mutable. Regente: Neptuno, el dios del agua.

"Van también unos lagos flojos que flotan e inundan lo que tocan: tienen una consistencia entre agua y nube con los múltiples colores de seda. La fauna de allí es gente humana que por mimetismo se asemeja a peces, con cabezas humanas".

Xul Solar[61]

Xul es como una esponja, se fabrica a sí mismo con el agua que lo rodea, vive las mareas e inundaciones de su San Fernando natal como propias; también las ondas invisibles de la música son una vibración sonora de la energía de Piscis. El abuelo era compositor y de su padre Emilio hereda una cítara que aprende a tocar. La propagación de ondas sonoras, sus vibraciones, serán audibles para él como un enorme caudal sensible. Por el momento, las ondas musicales van señalando su camino en un ambiente favorable. Toca el violín. Está bien entregarse a la música, parece señalar la familia de Xul. Pero algo sucede. ¿Fue la luxación del codo —Saturno signado como el hueso necesario para sostener el instrumento— su deriva al arte

61 "Apuntes de neocriollo", en Patricia Artundo (comp.), *Xul Solar. Entrevistas, artículos y textos inéditos*.

plástico? ¿Es límite u oportunidad? Es una castración, diría Pascal Quignard al referirse a la voz musical, "es una muda del niño al hombre", una barrera que separa la infancia: se distancia de la seguridad lunar y se abre ahora a los colores, que son tonos de luz, y obtiene una imagen plástica del mundo. Xul apenas ha dado dos o tres pasos en lo que sería una vía directa a los mundos inmateriales de Piscis. *San Danza*, *Barreras melódicas*, *Cinco melodías*, y otras, son obras pictóricas que hacen referencia a la música. Más tarde, traducirá sus intuiciones musicales al sistema de notación e intervendrá una celesta, un armonio y un piano con cambios estructurales, para invocar mejor su experiencia multidimensional. ¿Podemos entrenarnos para el devenir-en ascendentes tonales? Distinguir ese color, ese tono ascendente, en nuestro campo vincular sería el primer paso, y luego aprender a confiar en la firmeza del entramado entre el color y el campo vincular, es posible reversionar la autopercepción limitada del yo. Xul con su ascendente en Piscis se lanza a pintar palacios orgánicos y chozas biológicas, hechas de armazón y pensamiento. Pero la memoria de la infancia (la Luna en Sagitario) podría retraer al Xul adulto si no obtuviese las garantías afectivas suficientes (las *mammas*) ante la deriva del Agua de Piscis. Si su conciencia no resistiera esta influencia, su Sol —su singularidad optimista— lo llevaría a atrincherarse en "sus saberes", y fortalecer su narrativa del "yo" al externalizar el resto de la información del sistema.

También la falta de estructura (Saturno-Tierra) —el hueso aún frágil del codo— podría volverlo un tembladeral e impedir que su campo vincular oceánico lo permee. Xul se "luxa" muchas veces con dolor y frustración, pero fue escuchando los mensajes del Agua (ascendente en Piscis) y dejó una muestra en su poética visual. Su yo expandido y su confianza en el entramado lo convirtieron en un cosmógrafo de la astrología que hibrida dioses, personas y animales en su particular "Zodíaco"; incluye un autorretrato que se asemeja a un centauro. Ensambla en su creación linajes distintos, como una operación de simbiogénesis y lo cuenta:

> Creo que estos lagos orgánicos llevan su fauna humana donde ésta quiera (...), los peces humanos que no están de acuerdo con la mayoría van a la deriva hacia otra parte. Los lagos que no simpatizan se apartan para no chocar, y los que sí, se cruzan y se mezclan, como todo aquí, hasta el fuego.

La naturaleza de Piscis es de una "consistencia entre agua y nube". Evoca así la descripción de "los ríos del cielo" que son un flujo aéreo de agua empujado por el viento, que transporta más agua que los ríos en la tierra. Esos ríos voladores se forman por la condensación que sube desde la evaporación que emite la selva y se descargan para completar el circuito. Xul disuelve el binarismo cultura/naturaleza en una meditación que más adelante hará la ecosofía. Es un ecosofista vernáculo. Un defensor de la naturaleza. También trazaba en sus cuadros una arquitectura para la felicidad, inquieto por la distribución habitacional, como en *Proyecto fachada Delta*. Pinta otras obras similares al actual movimiento de arte regenerativo Solarpunk, que hibrida edificios —alimentados de energía solar— con jardines verticales. Está atento al surgimiento del reino de las máquinas, en 1957, la revista *Lyra* le publicó "Propuestas para más vida futura, algo semitécnico sobre mejoras anatómicas y entes nuevos". En el artículo, la historia de los autómatas es fundamento en la conformación física pos o transhumana. Xul sugiere promover el desarrollo anatómico de seres que denomina "colnursas", destinados al amamantamiento prolífico y perfeccionado de los bebés de un futuro superpoblado. Pinta y escribe acerca de sus criaturas de materia orgánica ensambladas con dispositivos tecnológicos. Incursiona así en el mundo ciborg. Desde su carácter optimista de Sagitario, vemos que el texto termina excluyendo cualquier temor hacia ese futuro tecnohumano, afirma que "trabajan por su lado en tareas prácticas, pero sin fantasía ni ideales". Lejos de la angustia metafísica que hoy, en pleno Antropoceno —él fue un ser del Holoceno—, trajo el fracaso de ese optimismo tecnófilo.

La progresiva sensibilización a lo atmosférico contemporáneo de este último signo del Zodíaco mezcla lo onírico con lo real. Todo parece confundirse para la mente racional a causa de las certezas en sus intuiciones. El carácter mutable de Xul siente el tironeo de esta percepción universal. Puede registrar las necesidades de la totalidad por encima de lo particular, y fue uno de los que mejor comprendió, a inicios de 1900, la revolución cotidiana de ser uno con la biosfera, y quiso expresarlo. Entre esa vincularidad ilimitada y la intertextualidad constante, todo es posible en su interior. Pero esa naturaleza sensible, en las infancias, florece o se apaga dolorosamente al chocar con la cultura dominante. Si todo está orientado a acuerdos racionales, a acciones basadas en la meritocracia, a la prevalencia del más fuerte, ¿qué lugar hay para la sensibilidad de un ascendente en Piscis en un sistema de dominación? Los significados unívocos y socialmente aceptados serán traumáticos en alguien como Xul. No podía someterse a las exigencias homogéneas de la crítica centralizada, y sufrió duramente por una sociedad que lo acallaba y lo burlaba. En esta cultura asustada, la sensibilidad, como hecho social, es rechazada. Piscis se mueve en un no-tiempo universal y su manera navegante de llegar a destino produce zozobra al desorganizar el texto social canónico. El pisciano se percibe, en términos del antropólogo, lingüista y cibernético inglés Gregory Bateson, como bio-psico-socio-ambiental por fuera del antropocentrismo.

Xul elige la acuarela; la acuarela, según Pettoruti, es la técnica de los colores transparentes y en "imágenes puramente suyas, como todo en él, es difícil de ser penetrada y gustada". Se vuelve un creador inasible. No lo entienden: "un polichinela", "extraviado en místicos sueños". Lo tildan de confuso, delirante e hipersensible. Todo lo empujaba a aislarse, a una mistificación enloquecida. O a canalizar su energía en la panlengua para unir el mundo y el arte con sus destellos perceptivos. Es ahí donde vuelca una nueva epistemología, una nueva articulación semántica adentroafuera e incuba la conciencia del místico. El poeta visual tuvo una infancia plena de estímulos, pero negado por la comunidad académica, su conciencia podría retraerse.

En 1911, en su libreta de enrolamiento, Xul escribe: "pintor y músico". Cincuenta años después se declara "estudioso del simbolismo y la religión ayudado por su comprensión filosófica de la astrología". "Pobre de mí. Estoy enfrascado, defendiendo ardientemente a Piscis...". Cuando se entrega a la inmensidad pisciana y conjuga el fuego sagitariano, Xul se despierta a una dimensión mística.

La Bestia: la dimensión esotérica del ascendente en Piscis de Xul Solar

Justo antes de volver a la Argentina, Xul se entera de que Aleister Crowley, un ocultista inglés que publicó libros sobre magia, está disponible para iniciarlo. Este hombre a quien su propia madre llamaba la Bestia fue también "uno de los 100 británicos más importantes del siglo XX", según la BBC. Había fundado una orden esotérica, Thelema, a partir del nombre de una novela de Rabelais: un sistema filosófico que partía de la idea de que el viejo orden mundial había colapsado y él era el nuevo guía. Esa contracultura de los años veinte volvió para influir a Led Zeppelin y los Beatles, que lo incluyeron en la portada de *Sgt. Pepper's Lonely Hearts Club Band* en los sesenta; también tuvo seguidores como David Bowie y The Doors. Fue uno de los primeros en experimentar con mezcalina para expandir su percepción del mundo. Consumía hachís, cocaína, éter y peyote. Además, inició a Aldous Huxley en las drogas, y él mismo fue adicto a la heroína hasta el final de su vida. Crowley fue uno de los primeros en acercar a Occidente filosofías orientales como un germen del New Age.

Cuando Xul lo visitó, Crowley se mantenía en Francia con lo que cobraba de los derechos de un libro que había escrito al estilo de H. P. Lovecraft: *Diario de un drogadicto*. Orientó a Xul a "satisfacer la misión para la que había nacido"; este era uno de los principios de Thelema. Para eso debía apagarse por completo y reiniciarse. Esta "iniciación mística" es un método *off-on* para concentrarse, libre de todo, en experimentar visiones. Estas consumaciones, *petites morts* del estado consciente, que suelen experimentar los ascendentes en Piscis, los dejan en un estado altamente vulnerable. Y tal vez la Bestia tomó el control. Pero ¿con qué red contaba Xul para no perderse por completo? "La neblina donde estoy es océano de pensamiento". ¿Pudo contarse él mismo entre "los hombres fluidos" que pintaba? Su ingenua confianza quedaba protegida en el fuego sagitariano: podía acomodar algo de la información en su cartografía de saberes. Trabajaron con los hexagramas del I Ching. Dice Crowley que Xul le proporcionó una serie completa de los sesenta y cuatro símbolos, y aseguró que fue el mejor vidente que había conocido. La Bestia lo guio en ese proceso de iniciación que incluía yoga, meditación y magia. ¿Xul tomaría drogas en este período (pensemos que la heroína se compraba en la farmacia)? Sin embargo, quienes abundan en energía pisciana despiertan a un estado alucinado tempranamente, y a veces eligen no tomar siquiera una gota de alcohol. Xul traduce sus experiencias místicas al neocriollo. Fue el mejor traductor visionario para el más famoso ocultista y dio lugar a los San Signos. Xul llevaba un registro inmediato, volcaba en un cuaderno lo que había "visto" y "oído" en sus exploraciones de otros mundos. En su biblioteca están los dieciséis libros de Crowley y otros relacionados con la magia. También estudió la cábala, el Corán, el I Ching, el tarot, las leyendas celtas, la "Edda mayor", el hinduismo y el budismo. Leyó a los grandes autores de la literatura mundial cuya obra se relaciona con las enseñanzas herméticas, desde Dante Alighieri hasta William Blake. Pero además frecuentó a E. Swedenborg, J. Milton, J. W. Goethe, G. Nerval, E. A. Poe, C. Baudelaire y S. Mallarmé. Si hacemos un repaso de los sueños de un mundo mejor, esto puede volverse una pesadilla aglutinante. Sin embargo, Xul actúa bajo la fascinación de lo improbable. Escribe sobre arte, publicidad, aviación, la vida de Fangio (a quien le había calculado la carta natal y le predijo un gran destino), y se suma a la poesía con *Visiones*, que se publicará primero en París y luego en la Argentina. Había llegado a Europa —abrumado luego de una breve experiencia municipal y traccionado por el ineludible tirón místico del ascendente en Piscis—, aunque no fue una escala camino al Tíbet, como había anunciado al embarcar en la Argentina. Accede a su propio monasterio sin salir del Mediterráneo. Xul está despierto, atento a las vanguardias y en 1923 fue a Alemania para asistir a las conferencias de Rudolf Steiner, fundador de la Antroposofía. Las escuelas Waldorf, que proliferan en todo el mundo, paradójicamente comenzaron en la fábrica de cigarrillos Waldorf Astoria, donde Steiner fue autorizado a hacer sus primeras experiencias de enseñanza con los obreros. Toda otra filosofía acerca de la educación y la medicina, y también la agricultura. La visión constructiva de Xul se basó en la arquitectura antroposófica de Steiner. El filósofo alemán había lanzado una petición hacia una "nueva revolución social", que firmó entre otros Hermann Hesse. Fue al volver cuando Xul afirmó que se alimentaba exclusivamente de flores. Sus pensamientos eran pétalos mentales que con cada experiencia se abrían un poco más. Por esta época pinta *Nana Watzin*. En esta acuarela de 1923 puede verse una narración mística: "adora-dase" que "germina" por "renovación por fogo santo", y una panorámica constructiva de la utopía Xuliana. Así va armando su andamiaje creativo, multiplica los campos expresivos, lo visual, lo recreativo en los juegos, lo arquitectónico, los lenguajes y lo filológico, el sustento filosófico, su interés astrológico y matemático, todos aspectos que composta en su obra. Su creación artística toma el carácter de *signatura*, ya que participa a quien lo sigue, proponiendo juegos y lenguajes que produzcan ecos de reflexión. Gestiona formas artísticas múltiples de "arte combinatoria"[62] en la convicción de que el futuro tiene color de promesa.

Ese viaje inspiracional, artístico y espiritual, con drogas o sin ellas, diluye cualquier resistencia psicológica, volviendo cada vez más permeable la infinita sensibilidad de Piscis ascendente. Una de sus obras de 1922, creada en Europa, es *Pegaso de sol*: Pegaso era el caballo del dios Júpiter en la mitología romana, y Júpiter es el planeta regente del signo de Sagitario. Lo representa ascendiendo al cielo, lleva en el lomo y de tiro a hombres a vivir entre los dioses. ¿El arte fue un piso para abrirse al cielo o un lugar de llegada? Estos *off-on* desafían la conciencia y sus descubrimientos iniciáticos podrían derivar en el pánico delirante, extraviado en el engaño, o por la adicción de vivir en realidades alternas. En ocasiones, todo se vuelve confuso para los piscianos o todo se vuelve prístino hasta distinguir las variaciones de lo idéntico, como los matices del verde en la naturaleza o las calidades del aire. ¿Cuántas reconfiguraciones *off-on* para reiniciarse puede tolerar una conciencia? Xul tiene

62 Pensamiento interdisciplinar en el que se inspiraron Paul Klee, Salvador Dalí, Yoko Ono.

el arte para sujetarse y su Luna en Sagitario como acervo de su infancia psíquica (se siente confiado, las *mammas* lo quieren, han ido tras él), pero la tracción del ascendente en Piscis lo lleva a ser un río del cielo que se desplaza con el viento hasta disolverse. Esa mente visionaria podría también ser canibalizada por la experiencia civilizatoria de su tiempo.

Xul experimenta ese tiempo europeo y se autodefine:

> Alejandro Xul Solar, pintor, escribidor, y pocas cosas más. Duodecimal y catrólico (ca: cabalista; tro: astrológico; li: liberal; co: coísta o cooperador), recreador, no inventor, y campeón mundial de un panajedrez y otros serios juegos que casi nadie juega; padre de una panlengua que quiere ser perfecta pero que casi nadie habla y padrino de otra lengua vulgar sin vulgo; autor de grafías plastiútiles que casi nadie lee; exégeta de doce religiones o filosofías que casi nadie escucha. Esto que parece negativo deviene positivo con el adverbio aún y un casi: creciente.

Para Xul, la utopía es la materia con la cual trabaja. Luego de este viaje, trasciende las presentaciones europeizantes y se interesa cada vez más por la temática indígena, por la representación de objetos, máscaras y personajes. ¿Qué renovación estética se estaba produciendo en la vanguardia argentina de los años veinte de la que sería parte? Cuando se incorporó a la revista *Martín Fierro*, lo consideró el "punto de partida para nuestra evolución artística propia".

Ascendente en Cáncer de Borges: de la patria chica al Borges popular

Asc ♋

Borges, ascendente en Cáncer. Regente: Luna. Maternar, energía de crianza. La memoria. La simbiosis y la interdependencia. Sentir la aldea.

"El pastito precario
desesperadamente esperanzado,
salpicaba las piedras de la calle
y divisé en la hondura
los naipes de colores del poniente
y sentí *Buenos Aires*".
Jorge Luis Borges[63]

Borges fue Borges aquí en la Argentina. Expandir su identificación hacia el resto del sistema del código natal es un desafío para él, como lo es el signo ascendente para cualquiera. Se percibe como lo que sucede por fuera de mí, un tono siempre vibrante multidimensional que está presente en la trama vincular, en el entorno de crianza, y persiste en la vida y se cuela en la obra. Aun así, no es reconocido como propio. El desafío para Borges con el ascendente en Cáncer será cómo emerger del seno materno para luego adquirir ese mismo principio nutricio, pero expandido. "Pasé de las mitologías del arrabal a los juegos con el tiempo y con lo infinito", escribe en "Borges y yo". Pero antes, de chico, escuchaba recitar versos criollos. El

63 "Arrabal", *Fervor de Buenos Aires* (1923), *Obras completas 1*.

folletín gauchesco es su ficción de aprendizaje, y la patria es la latitud de su ascendente en Cáncer. El joven Borges busca el castellano del Río de la Plata, ser alguien que salga en legítima defensa. Se para en la vereda de enfrente de España. Con sus cualidades virginianas busca a la Argentina en la lengua para "decir menos, la alusión, la implicación", como señala Pauls. La memoria (Cáncer) y la biblioteca (Virgo) son máquinas para construir ficciones; por ahora, de la historia argentina y sus mitos fundantes.

La memoria humana

> "En los lindes de la mesa la vida de los otros se detiene.
> Adentro hay un extraño país".
>
> Jorge Luis Borges[64]

Metido en la cama, con una fiebre infernal, cuenta Petit de Murat, Borges imaginó el tormento de Funes el memorioso, quien podía recordar un árbol hoja por hoja. Irineo Funes registró los casos de memoria prodigiosa citados por la *Naturalis historia*. Esos casos lo maravillan. Podía reconstruir todos los sueños, todos los entresueños: "Más recuerdos tengo yo solo que los que habrán tenido todos los hombres desde que el mundo es mundo". La energía de Cáncer es la memoria del Zodíaco, pero la memoria puede operar como un escudo de protección estampado con el emblema de la aldea de

64 "El truco", *Fervor de Buenos Aires* (1923), *Obras completas 1.*

pertenencia, una acumulación de signos para defenderse de la intemperie. Borges guardará para sí la experiencia de proteger a un ser desvalido (él mismo) en simbiosis con la madre; más tarde, a través del ascendente en Cáncer, tendrá la posibilidad de recuperar ese hábito ampliando los círculos. Él vivencia la vulnerabilidad de la forma humana a través de la ceguera. Cuando se conocen con Xul, Borges graba, en consonancia con su código natal, a través de su vista neblinosa, las cuadras, las calles y los barrios. El escritor se prepara para recuperar el pasado. Almacena al menos ¿dos? terabytes. Primero graba a paso ligero, luego con ayuda de un bastón y más adelante del brazo de su madre, de Ulyses Petit de Murat, de Xul y de los amigos que vendrán. Al ser Cáncer el más humano de los signos, puede sentirse habitado por la memoria de la especie, pero es también, a diferencia del ascendente en Piscis, una frontera con lo divino. Borges "trabaja con la memoria absoluta", dice Piglia, "ya que las cosas que le ocurren a un hombre les ocurren a todos"[65]. Y esta afirmación, este pasaje del yo a un sentido de lo "común", es clave en su salto a otras formas de comunicación sensible.

¿A qué distancia vive tu madre?

¿Podrá Borges descubrir cuándo la simbiosis es necesaria y vital y cuándo es alienante? La ceguera lo hará extraviarse en la dependencia, en la simbiosis incluso.

65 Jorge Luis Borges, de la dedicatoria en *Obras completas 1*.

Tras su boda en 1967 con Elsa Astete, una viuda que Borges conocía desde su juventud, el matrimonio fue a visitar a la madre. Las revueltas sociales que entonces agitaban Buenos Aires llevaron a Leonor a recomendar que la pareja durmiera en la casa, que no cruzara la ciudad. Borges aceptó ante la indignación de Elsa, que fue a pasar "la noche de bodas" sola a la vivienda matrimonial. En esa extraña pareja —un escritor ciego, envejecido, a quien guía por el mundo una mujer todavía más vieja, frágil e irreductible a la vez— existe un crisol donde el material codificado del ascendente en Cáncer hace alquimia con Virgo. La experiencia de la simbiosis de los primeros años de cualquier vida es en Borges un ejercicio extendido que lo lleva a comprender con humildad cuán dependientes somos las personas. La ceguera que lo lleva a la dependencia no es una disputa, es un destino. "Yo le leo todo a Georgie desde los siete años. Y cuando escribe, me dicta. Hay algunas cosas que no me las ha leído, como el poema "Los dones", tan triste, donde habla de sus ojos", dice Leonor.

Tener hijos propios o adoptarlos suele ser una experiencia nuclear en este ascendente. Borges no experimentará esa emoción de la crianza, aunque sí lo hará en una versión emocional amplificada. Parece trivial y graciosa su designación como inspector de aves, conejos y huevos. Él mismo hacía chistes. Pero es una broma mayor, una del destino, ya que podía haber sido nombrado inspector de ferrocarriles, por ejemplo. A un ascendente en Cáncer solo pueden nombrarlo para inspeccionar un animal tan simbólico como la gallina, él que se guarecía debajo del ala, no por cobardía, muy lejos de su animal fetiche, el tigre feroz de su infancia. Sin embargo, esta asignación, que nunca ejerció, es señalada por él como determinante: al ser expulsado de la biblioteca y desistir de este cargo municipal, Borges inicia sus conferencias y se vuelca a la docencia. ¿Borges pasa a estar del lado del cuidado de la vida, de su ascendente en Cáncer? En todo caso, comienza a irradiar una calidez que ofrece a quienes vayan a entrevistarlo, con una paciencia amorosa infinita.

Borges popular

La Luna es el regente del ascendente en Cáncer. La Luna, en general, como símbolo de representación, cuando está destacada en un código natal, se puede leer como índice de popularidad, y Borges se expande a través de su voz. Una vez superado el primer terror de exponerse, que para un virginiano es solo posible si ha comprendido que está sembrando algo trascendente, comienza a reproducirse en medios de comunicación masivos. No el Borges virginiano, sino el canceriano, escribe entre el 36 y el 39 para las "amas de casa" en las páginas de *El Hogar*. Esa irrupción de lo tercero, de lo otro —"el público", en este caso—, es solo una estación de acceso a "lo humano", que lo lleva más allá de su historia particular. El escritor público, crecientemente masivo, aparece ahora en los suplementos de los diarios, la radio y la televisión. Las conversaciones radiofónicas con Antonio Carrizo (1979) alcanzan ratings inesperados. Esa versión amable y humana de Borges llega a los hogares. Al transportarse al amparo doméstico con su voz, tiende un enlace sensible a su ascendente. A la vez que quiere restaurar lo perdido, "lanza su fonética para revitalizar la argentina", dice

Pauls. Es una voz unida a la memoria de una mitología de acá. Para Piglia, el espacio de la memoria es el espacio de la oralidad, la relación memoria-oralidad viene de Homero —alude al poeta ciego, la tradición oral y la palabra alada. Borges, en las conversaciones[66], es un hablante que viaja en las ondas radiofónicas, una señal de voz tibia, de Cáncer. Desciende desde sus libros inmortales a la balbuceante humanidad. Este pasaje del Borges fichero al Borges de temperatura humana no es menos que un suceso de reconfiguración de su "yo soy" dominante hacia lo desconocido, el ascendente, aunque este ya vibrara en su biosfera natal. Su voz masiva, sus conferencias y su rol docente, toda esa exposición quiebra la matriz original de Virgo y lo inicia en un viaje de lo menor a lo mayor, en círculos concéntricos, de su novela familiar a la novela humana.

Para su ascendente en Cáncer, tanto la racionalidad de Virgo como la actividad continua estimulada por su Luna en Aries pueden verse como piedras en el camino. Sin embargo, desde la carta natal como biosfera es en esas complejidades paradojales, e incluso donde lo tercero (lo otro, lo vincular) ingresa, cuando lo monádico deja paso a lo distinto. El Borges vivencial se suma al Borges observador. La magia de Borges es constituirse en un observador de sí mismo, comprendiendo que en ese sí mismo —en cualquier sí mismo— está el verdadero "ser" humano común. Es entonces que la timidez de alguien de Virgo, a quien no le gusta exponerse, camina a un destino donde entiende que desnudar lo humano ya no lo pone en

66 Reunidas y publicadas en *Borges el memorioso. Conversaciones entre Jorge Luis Borges y Antonio Carrizo.*

peligro. Finalmente, su Sol en Virgo enlaza de manera armónica su ascendente en Cáncer, en tanto humano-humilde-humus (nutricio). El "yo" pasa a lo común y se consuma un nivel de experiencia humana. Así, la parte, el texto propio y repetido, tiembla, y puede que reclame protección (Luna en Aries: escapar hacia adelante) o, en cambio, que despierte a una noción de cuidado: nutrir la lengua matria es vivificarla. "Las calles de Buenos Aires son mi entraña", "ahora estás en mí" semejan el informe de una ecografía que muestra cuán preñado de su aldea puede estar un varón nacido a fines de 1800. ¿Qué forma nueva y vulnerable crecía bajo su protección? La experiencia de simbiosis es un registro energético que Borges incorpora, pero ¿queda del lado del hijo para siempre o él mismo puede maternar? ¿Fue su criatura la literatura argentina? Se suele decir que Borges es el padre —como arquetipo de su tiempo—, pero fue más bien su madre, y nos seguimos nutriendo al menos hasta que ciertas tradiciones puedan madurar.

Los ascendentes en sinastría: la emergencia de la sensibilidad

El océano y el lago

La minúscula porción del "yo" y sus propósitos conscientes son similares a la colonización y apropiación del mundo natural y cultural por parte de unos pocos. Este procedimiento demencial trae mucho dolor en lo individual y en lo colectivo. Llamamos destino a lo desconocido, a lo que no deseamos o tememos conocer. De todos los crímenes, la supresión de la diversidad por la hegemonía es el peor. La ecología de la mente, como la llama Gregory Bateson, es la refutación de la parte versus el todo. ¿Cómo desidentificar, deconstruir, escapar de las fuerzas modelizantes del encantamiento del yo? Visto desde la parte, en principio, el ascendente será signado como destino, sin embargo, puede ser la fuga de la identidad hacia un mayor despliegue del código en la biosfera. O, mejor dicho, el reconocimiento de todo lo que ya estaba presente: las entrelíneas se suman al "texto propio" conformando un relato mayor. La hermosura del ascendente —aunque el centro (Sol-Luna) lo rechace— es que lo marginado nunca cede. Se extiende hacia adentro y esa visión interior reconfigura el mundo de "afuera". Como en esta declaración sensible que hace Borges en el "Poema de la cantidad"[67], donde nada se excluye:

> Los espejos del ébano y del agua,
> el espejo inventivo de los sueños.
> los líquenes, los peces, las madréporas,
> las filas de tortugas en el tiempo,
> las luciérnagas de una sola tarde,
> las dinastías de las araucarias,
> las perfiladas letras de un volumen
> que la noche no borra, son sin duda

67 *El oro de los tigres* (1972), *Obras completas 2*.

no menos personales y enigmáticas
que yo, que las confundo. No me atrevo
a juzgar a la lepra o a Calígula.

Xul, desde niño, soñó en el vaivén del agua (sensibilidad ilimitada) indiferenciada y universal. El agua no es un río con nombre, ni el mar del sur o del norte, el agua es agua, es un elemento despierto, agua para la vida, la representación áurica del ascendente en Piscis.

Borges, desde su infancia, con el ascendente en Cáncer (sensibilidad humana) es agua nombrada: un ojo de agua que mantiene viva a la tribu y a la memoria de las mujeres nutricias. El agua quieta al fondo del aljibe que sacia la sed del hogar. El charco sobre el adoquín que refleja la casa de su lugar natal. La simbiosis materna y la erudición de la abuela que lo nutrió con una sopa de letras inglesas (no extrañas) para que el nieto desmenuzara. La temperatura humana en la conversación con los estudiantes fantasma. Del arrabal, de Buenos Aires, de los patios, del tango, de lo argentino. Los días en casa, su voz trémula en la radio para alcanzar los hogares.

Xul no es solo un acumulador de saberes. ¿Qué es eso que lo rodea sino lo que él mismo es? No está rodeado de agua, es un cuerpo de agua, se comporta como tal. El ascendente en Piscis es como Xul navega el mundo.

Borges no es solo el fichador de Virgo ¿Qué es el ascendente en Cáncer sino una inmersión constante en la energía de crianza y siempre volver a lo anterior? Un regreso a la simbiosis con Leonor, al amparo de la misma memoria. ¿Qué es sino ser él mismo un cálido gestante de hijos literarios que se eternizan?

Por fuera del "yo soy" existe un complejo sistema de relaciones adentroafuera. Y el sentido que se adhiere al ascendente y estalla la identidad es lo que llamamos destino. "Ya he declarado que la finalidad permanente de la literatura es la presentación de destinos"[68]. También de la astrología. Xul-Borges es un vínculo vibrante que avanza mientras procesa los mensajes sensibles del Agua: Piscis y Cáncer ascendente.

68 "La felicidad escrita", *El idioma de los argentinos* (1928), *Obras completas 1.*

Sinastría

Sinastría: Júpiter, sim-pático-en comunión-en común

♃ ♏

Ambos códigos natales tienen a Júpiter en Escorpio, signo de Agua.

Virgo, el signo de Borges, es también Astrea, representa a una diosa virgen que lleva en sus brazos los rayos de Zeus/Júpiter para así preservar el fuego de la filosofía, en el diálogo activo que es la ley universal que une las esferas. Las conversaciones en las caminatas, se sabe, no son triviales: Xul y Borges filosofan, el halo que los envuelve mientras interactúan es de Júpiter, una deidad protectora que ilumina el pensamiento.

El exotérico Borges y el esotérico Xul están en combustión, y el resultado es la simpoiesis entre los amigos. Los códigos natales en vínculo rearman una biosfera semántica ampliada. En el lenguaje astrológico —lenguaje de conexiones— encontramos textos intraducibles para uno y otro, pero que fuera de la trivialidad serán complementarios. Estos cortocircuitos dinámicos producen transformaciones que permean cada esfera semiótica. Sin embargo, estos soles en tensión, uno expansivo y el otro concentrado, no son fijos en su núcleo, son mutables; y desde la comodidad y el afecto (las lunas en Fuego) nace la confianza. Al encontrarse, el código de cada uno vibra. ¿Iluminar el pensamiento será relevante en el amor —la amistad, el poliamor o cualquiera sea su expresión, magnetismo, erotismo o todo eso en combustión? Co-incidir en la filosofía, en una visión del mundo, en preguntas sim-hilares. La curiosidad hila madejas de pensamientos, incluso en los silencios. Ambos tienen a este dios portador de la mente suprema —Júpiter, el dios de la filosofía— ligado al afecto. Xul por la Luna en Sagitario, Borges por la Luna en casa 9 (casa natural de Sagitario). Para ellos, entonces, indagar juntos el tiempo, a los griegos, también a los filósofos como Emanuel Swedenborg[69], fue animando una corriente de pensamientos sensibles. Además, el planeta Júpiter de ambos está en Escorpio, signo de Agua capaz de sumergirse en los constructos profundos del cosmos, y también de resistir la superficialidad. Es este el ejercicio previo para ir hacia el corazón de la conversación.

Júpiter es también la figura maestra, quien ha sintetizado un saber y lo comparte. Xul llevaba doce años viviendo en el planeta antes de que Borges naciera; al haber corporizado el arquetipo del guía, tal vez bastó una inquietud de Borges

69 Emanuel Swedenborg era acuariano, como Leonardo da Vinci, Julio Verne y Domingo F. Sarmiento.

acerca de sus experiencias místicas para que Xul obtuviera la confirmación de que era querido, ya que su amigo parecía confiar en su saber. Uno junto al otro, en discusiones creadoras, en simpoiesis, buceando en un mar de pensamientos. Tal el afecto, tal el conocimiento.

Saturno: "mucha gente vive medio empotrada en sus pilares y muros vivos"[70]

Planeta. Cronos, el dios del tiempo para los griegos y de la cosecha para los romanos (se cosecha lo que se siembra). Kainos. Límite, juicio, padre o función de paternar (sin identidad de género). Sostén, concreción, pared, estructura. Intemperie.

Leer es leer signos para atrapar significados, pero, además, ser partícipe activo como postula la *signatura rerum* de Paracelso aumenta en profundidad la lectura y el tejido de relaciones en la lengua. En el lenguaje astrológico, cuando la *signatura* refiere a Saturno (u otros planetas o signos astrológicos) ya no es solo al planeta aislado, sino a la relación con otros "signos" y adquiere un volumen de significados. Se adhiere a un sentido que surge del código natal que ha cifrado desde su estructura psíquica. Por ejemplo, en el patriarcado, Saturno son los padres designados varones, agentes de venganza del

70 Patricia Artundo (comp.), ob. cit.

padre de su padre, y así sucesivamente en noches pasadas de disciplinamiento. En la memoria subjetiva será la relación de cada uno con su propio padre o con quien cumpla esa función, amorosa o enfermiza. Saturno es también la mano firme que detiene a una pequeña delante del fuego para que no se queme. Y la columna que nos vertebra, que puede quebrarse si es muy rígida. El juicio social, las fronteras y los límites, pero también quien lidia con ellos y con las leyes con maestría. Posibilita el crecimiento o lo detiene. La interpretación de ese "símbolo-planeta" toma relevancia porque evidencia la relación con la estructura del sistema biosférico. Después de todo, afinemos o no con el cumplimiento horario, las instituciones y sus reglas como aspectos más banales, aún no se sabe de nadie que ande por ahí sin sus huesos.

El tiempo es el espacio en el que vivimos y ese límite enmarca la vida humana individual. Pararse sobre dos pies fue una etapa evolutiva, y caminar erguido fue una gran exigencia para la columna vertebral; incluso daría la impresión de que los dolores de espalda permanecen como un aviso de que aún no alcanzamos plenamente esa etapa madurativa. Saturno siempre va al hueso. En los tibios sentimientos de "acogida" —la función de maternar, representada por la Luna—, la subjetividad opone la función de paternar (Saturno) como la salida a la intemperie, a un mundo sin protección en el que debemos proporcionarnos a nosotros mismos las necesidades básicas. Y llevarnos al mundo exterior de nuestra propia mano.

Saturno en Leo de Xul: negado mil veces

♄ ♌

Saturno en Leo, en casa 5: expresión artística.

Continuar maleable como en la infancia es delicioso, pero adquirir nuevas prácticas parece ser una ley de la regulación en la sociedad; aunque eso signifique quedar "empotrado en sus pilares y muros vivos". El humanismo de Xul no contempla incorporar el Saturno de su propio código natal, que es el hueso de la vida social: la ley, la crítica, el límite, ser padre, el tiempo. La estructura necesaria para exhibir en el mundo su arte. En la panlengua, la palabra límite no existe.

Cuando las *mammas* se juntan con Xul en Europa, su madre, Agustina, y su padre, Emilio, se separan para siempre, ya que ella no volverá a ver vivo a Emilio. ¿Qué hacía el padre mientras Xul y las *mammas* viajaban? El ingeniero Schulz trabajaba en la Penitenciaría Nacional ubicada en el parque Las Heras; al quedarse solo, se mudó a la habitación destinada al subdirector, donde tenía también su oficina. Trabajó y vivió en la cárcel durante veintisiete años. Entre muros. Fue el presupuesto penitenciario lo que sufragó el largo viaje de Xul y las *mammas*. Xul también había trabajado por seis meses en la penitenciaría. Las murallas tenían siete metros de altura y él las atravesó cada mañana, medio año que le habrá resultado eterno, hasta que harto de esa opresión del orden estricto anuncia que se va al Tíbet. Podemos encontrar entre sus obras las "perspectivas carcelarias" de muros inmensos que aprisionan la vida de pequeños hombrecitos; hasta la luz en esos cuadros es absorbida por el ladrillo opaco. Existe una foto de un muro que dice al pie: "Muro construido por Xul". Esas perspectivas carcelarias que abundan en sus acuarelas de 1944 podrían ser intentos, trazos de internalizaciones simbólicas. ¿Cómo es que alguien doble Sagitario (Sol y Luna) y ascendente en Piscis que no tiene Tierra en el código natal podría internalizar al padre real, al padre simbólico, Saturno-Cronos en ese tictac rutinario de la cárcel? Nos quedará el registro real y artístico de esa tarea. En *De muros y escaleras* se retrata parado en lo alto de una de las torres de la cárcel, y a su lado flamea una lengua de fuego. Los brazos elevados al cielo lo conectan con signos esotéricos y claman por salir de allí. Desde la parte del todo —la identificación lunar de Xul— parece imposible la interacción de la tierra-muro con aquellos "lagos que simpatizan con el fuego".

¿Cómo opera esta energía en el adentroafuera? Falta Tierra en su código natal, pero todo sistema incluye a Saturno[71]. ¿Qué hacer cuando el arte, la belleza, el amor (Venus), el calor del Fuego y el Agua maleable están en tensión con el límite, el tiempo, lo terrenal? ¿Tendrá Xul la capacidad de seguir concretando su arte o sobrevendrán desilusiones como muros infranqueables? Si su viaje de expansión (Sagitario) fue sustentado por la vida intramuros de su padre, de quien las *mammas* se separan por seguir al hijo, esa distancia interna puede medirse en 12.000 km y doce años de separación.

71 Saturno es el planeta regente de Capricornio, que es un signo de Tierra. Así Saturno y la materialización en el mundo real se conectan con el elemento Tierra. Tauro y Virgo también son signos de Tierra.

Las *mammas* vuelven a la Argentina satelitando a Xul como lo hace la Luna con nuestro planeta. Llegan después de que Emilio muere en la penitenciaría. Así, la figura del padre y de la cárcel parecen apropiarse de todo el material simbólico de Saturno, de su falta de Tierra. Su identificación dominante es una avanzada de fuego, aliada con la Luna de la infancia, que quiere colonizar el resto de su carta natal. Si Xul pudiera extraer de cuajo la función de Cronos, que nada interesa en su utopía extendida, tendría que haber atendido a que Saturno, en la mitología, se come a sus hijos[72].

Fernando Demaría, crítico de arte y poeta, escribe: "Mi valoración de Xul Solar no me ha sido fácil, nunca me fue indiferente, pero llegaba a la zona de rechazo". La Academia Nacional de Bellas Artes jamás incluyó ni apreció a Xul Solar pintor: José León Pagano, su presidente, también crítico de *La Nación*, lo consideró un excéntrico que no pasaba de ahí e impidió su avance. Fue un enemigo poderoso. Xul tuvo que afrontar voces hostiles, escépticas de las teorías xulianas. Un "exquisito estrellador de cielos y de idiomas", dijo un Macedonio más indulgente. Corrían en los bares comentarios de sus incursiones como escritor: "extraño perfil de vidente"; por ejemplo, en la publicación de *Poema* —una colaboración entre escritores y pintores de manera cruzada—, se escucha juzgar de "idioma estrafalario" sus innovaciones en el lenguaje. En la revista *Destiempo*, luego de su firma, incluyó su número de teléfono para que lo pudieran contactar aquellos

72 La cárcel del parque Las Heras se demolió en 1963, en coincidencia con la muerte de Xul.

interesados en compartir su nuevo idioma o sus viajes por las esferas celestes. Finalmente, se sustentó con su trabajo como astrólogo.

Xul quería manifestar su arte con carácter de escritura, como poeta visual, pero se enfrascó en crear un texto feliz; un autotexto de bordes porosos. No quiere sujetarse a las normativas del relato en un mundo "duro", que él mismo ha externalizado. ¿Es este un muro hecho de crítica, de límite a su expresión? ¿Podrá él mismo desmontar esa muralla interior? Xul experimenta con dolor un diálogo trunco con su Saturno, que él configura como un juez que parece decidir el destino de su arte (Venus).

Xul esquiva como puede esa información de su sistema biosférico: la materia concreta sobre la que la vida se sustenta.

Saturno en Sagitario de Borges: la ceguera del tigre

Saturno en el código natal de Borges está en Sagitario en la casa 6: el campo de experiencia del cuerpo físico.

> "Los días y las noches limaron los perfiles
> de las letras humanas y los rostros amados;
> en vano interrogaron mis ojos agotados
> las vanas bibliotecas y los vanos atriles"[73].

73 "El ciego", *La rosa profunda* (1975), *Obras completas 3*.

"No sé cuál es la cara que me mira
cuando miro la cara del espejo;
no sé qué anciano acecha en su reflejo
con silenciosa y ya cansada ira"[74].

JORGE LUIS BORGES

A veces la hipocondría, que apenas puede contenerse en una cartilla médica al día, asalta la neurosis de las personas de Virgo, el signo solar de Borges. Pero también se las encontrará lidiando con la enfermedad, sin rebelarse ante un diagnóstico complejo. Soportan los circuitos de la salud médica con estoicismo. En una conferencia de 1977 él habla de su limitación: "Empezaré refiriéndome a mi modesta ceguera personal". Es así cómo se expresa una persona de Virgo que opta por la política de la modestia:

> Es dramático el caso de aquellos que pierden bruscamente la vista: se trata de una fulminación, de un eclipse; pero en el caso mío, ese lento crepúsculo empezó (esa lenta pérdida de la vista) cuando empecé a ver. Se ha extendido desde 1899 sin momentos dramáticos, un lento crepúsculo que duró más de medio siglo[75].

Borges fija una fecha para su ceguera: 1955. Ese mismo año fue nombrado director de la Biblioteca Nacional. Había imaginado el paraíso bajo la forma de una biblioteca y allí proliferan más de novecientos mil volúmenes. Pero enseguida

74 "Un ciego", *La rosa profunda* (1975), *Obras completas 3*.
75 "La ceguera", *Siete noches* (1980), *Obras completas 3*.

comprobó que apenas podía descifrar las carátulas y los lomos. En el "Poema de los dones" habla de dos dones que se contradicen: los muchos libros y la incapacidad de leerlos.

Saturno representa la función de paternar, encarnada en cualquier género; Cronos para los romanos, descendiente divino de Gaia, a veces devora a sus hijos. En el código Borges se repite este patrón de la mitología, él ya era un ciego futuro. Conocía la anatomía de su herencia, había sacado los ojos del padre: el doctor Guillermo Borges era el quinto en su estirpe que presentó una ceguera temprana y progresiva. "En todo caso estoy hablando en mi nombre y en nombre de mi padre y de mi abuela, que murieron ciegos; ciegos, sonrientes y valerosos, como yo también espero morir…". Borges se sometió a ocho intervenciones quirúrgicas. El traumatismo de cráneo fue por ver formas borrosas y clavarse la arista de una ventana. Hay quien hizo un diagnóstico etiológico basado en su obra literaria, una clínica —no muy concluyente— de su narrativa oftalmológica. La identidad apropiada por Borges incluye el límite-estructura, acomodándose a la manera de Virgo en una arquitectura cuidada. Saturno tira de la correa en lo físico y en las formas breves de escritura, en pequeñas celdas cajitas palabras menudas, concentradas en la brevedad. Pero la profecía de la oscuridad radica en el gen oculto, y asusta como el mismo inframundo. Aquí Saturno en su código natal está ligado a Plutón que lo agiganta. En el reino de abajo de la roca (Saturno) el magma (Plutón) duerme agitado. Cada tanto la piedra se fractura y la lava arrasa toda construcción humana. Seguramente Borges, como un vulcanólogo, está enterado de la fecha aproximada en que Plutón (en casa 12) va a despertar. Si las personas son los únicos animales que saben que morirán, Borges fue de una especie que convive con la información anticipada de la oscuridad.

Sinastría: Saturnos en Fuego

El Saturno de Borges está en Sagitario, en conjunción (en los mismos grados), donde el Sol y la Luna de Xul se encuentran. Sostiene (Saturno-Borges) como un titán las dos luminarias que dominan el universo de Xul en continua expansión. Xul, a su vez, le brinda el chisporroteo animoso de sus luminarias al Saturno de Borges. El Saturno de Xul está en el signo de Leo, reforzando su ubicación (casa 5, natural de Leo), el campo de experiencia de la expresión artística.

En el código Xul, Saturno opera en su expresión artística (casa 5): la crítica, con sus aparatos de lectura, monta un muro que él no logra atravesar, como si fuera un preso en la cárcel moderna del parque Las Heras. Sin embargo, el padre, Emilio (un reformista del sistema carcelario), tiene la llave del portón para abrirle a su hijo, lo habilita con la contraseña de entrada y de salida, pero Xul no sabe cómo pedirla sin las cuatro manos de las *mammas*. Así, la relación de Saturno (en cuadratura a Venus) con todo su sistema biosférico queda signada en la amarronada estética carcelaria y en su vínculo con la crítica y la academia. Xul aumenta las filas de la “resistencia” de las lunas en Sagitario al oponerse a Saturno designado como la contrautopía que oscurece el panorama.

En la vida estéticamente articulada con la existencia, Borges habita una intemperie interior. Es un desierto amarillo: un paisaje inmanente de Saturno. La ceguera progresiva irá ocurriendo, como el muro de Xul, de a un ladrillo por vez. Sin embargo, al ser él de Virgo, ocurre la milagrosa sinapsis que lo signa de manera distinta. Da continuidad a su escritura y lectura, y a la vida misma. Tiene su representación en el *pater* Saturno (herencia genética del padre), pero este planeta no se volverá sombra en su sistema biosférico, Borges-Virgo asume el límite (Saturno) de manera humilde y humana. Y puede dar una conferencia a un auditorio de ciegos para animarlos.

Ninguno de los dos tuvo descendencia, como no sea la artística. Si bien Saturno no señala una imposibilidad en el área en que esté, sí va a implicar un proceso tardío que exige mucha madurez y responsabilidad. En el tráfico de datos biográficos y artísticos de Xul, no parece incursionar en ninguna de las cualidades de la función de Saturno; más bien evita a toda costa no desencantarse del mundo, incluso al costo de incinerarse a lo bonzo.

En contraposición, la devoción de Borges por los relatos policiales delata su interés por el orden formal y la disciplina clásica que él creía que se habían perdido en la literatura de su tiempo. Consideraba que había una romantización del desorden, de lo elemental y de lo caótico, que sí seducía a Xul. Borges disfruta el manejo programado del tiempo futuro al desenrollar el pasado para resolver los enigmas: establece un diálogo con Cronos-Saturno, le va tomando el ritmo. Pero también, detrás del amor por el orden, alcanza a comprender la pesadilla del tiempo.

> Yo he procurado rescatar del olvido un horror subalterno: la vasta Biblioteca contradictoria, cuyos desiertos verticales de libros corren el incesante albur de cambiarse en otros y que todo lo afirman, lo niegan y lo confunden como una divinidad que delira[76].

Para Borges-Virgo, el horror mismo puede tomar la forma de un caos incesante. Para Xul, en cambio, una divinidad que delira es lo más parecido a sus propias experiencias visionarias. En la cartografía de las personificaciones mitológicas del escritor, el "libro" (la biblioteca) toma la forma de una divinidad que le proporcionará una enorme carga de sentido. Vuelve una y otra vez al libro, hasta encontrar una dimensión paradojal. Retoma la polaridad orden/caos, que es donde palpita el eje Virgo-Piscis/Borges-Xul (signos en apariencia opuestos), hasta lograr una visión binocular que oscila entre la matemática del relato policial y la figura elíptica que elude el realismo. Entonces Borges-Xul sucede. El lazo que los une resuelve su biblioteca contradictoria y se genera una nueva dimensión de contrastación creativa.

Mientras tanto, el cosmos le pone a Xul un ladrillo y otro más en sus manos al encomendarle el padre la tarea de levantar un muro en el presidio. ¿Podría ser este un ejercicio adentroafuera

76 "La biblioteca total", *Sur*, n.º 59, agosto de 1939.

para fraguar el cimiento en lo terreno y en lo artístico, en las instituciones y en el mundo de las cosas? ¿Conocer el uso del tiempo severo de la cárcel? Pero no, él quiere reformarlo todo, que muten la piedra y el hueso. Sostiene, por unas horas o días, cemento en la cuchara en vez de acuarela en el pincel, y podría incluso ser él mismo el muro, uno de su porte. En su identificación sagitariana externaliza a Saturno y quiere ese otro no-lugar, el panorama de la sociedad ideal, al costo de la ingenuidad, incluso de la tontería, como le dirán algunos. En estado de diálogo infinito, Xul crea y fabula, también se entrega a las consumaciones extremas y visita lugares desconocidos de la mente. Propone conjuntos multiespecies en combinaciones inesperadas, alteridades, mutaciones tecnológicas poshumanas, ecovillas. Su arte elocuente narra un mundo futuro habitable; configura cartas natales sin borde y mundos sin tierra. Cree en la fraternidad en contraposición de la individualidad. Xul no pudo recostarse un momento en el propio muro para palpar el límite de la materia. Por eso, en el análisis comparativo de los códigos natales (sinastría) de los amigos, Borges en amorosa transferencia es el titán que sostiene las luminarias de Xul para avanzar en la intemperie. Mientras, Xul le susurra misterios al oído.

Sinastría y algo más

Coinciden en sus códigos natales en sinastría: Marte en Libra generando buenos modos de accionar y deseos estéticos en común, y Júpiter en Escorpio los lleva a profundizar filosóficamente. El Saturno de Borges está en conjunción y "sostiene" el

Sol y la Luna de Xul acompañando el desarrollo de su singularidad. También coinciden Urano de Borges en estímulo creativo y de intercambio con Mercurio de Xul. Júpiter de Borges expande amorosamente Venus de Xul, y Marte de Borges acciona Urano de Xul para su libre expresión. A la vez que la identidad solar-lunar de Xul ilumina Saturno restrictivo de Borges. Mercurio de Xul es el mensajero del Urano de Borges trayendo noticias del cielo. Venus de Xul le acerca la estética al pensamiento filosófico de Júpiter de Borges, y Urano de Xul con toda su originalidad enciende a Marte, el deseo en Borges de crear una literatura diferente.

Cronos y Kairós (Kainos[77]): el sentido del tiempo y los tránsitos en la astrología

"Me dijo que su libro se llamaba *El libro de arena*,
porque ni el libro ni la arena tienen ni principio ni fin".

Jorge Luis Borges

Kairós —a diferencia de Cronos-Saturno, que es el tiempo lineal— es un concepto de la filosofía griega que representa un lapso en que algo importante sucede. La astrología dinámica muestra los alineamientos de los planetas en órbita en relación con la vida en la tierra. Los ciclos, revoluciones solares, y los "tránsitos planetarios" aplicados a un código natal —la fotografía celeste al momento del nacimiento— son los planetas

77 Kainos es la forma en que Donna Haraway se refiere a Kairós.

en movimiento, y su análisis denota ese tiempo en el que algo importante sucede. Según Donna Haraway, Kainos puede estar lleno de herencias, de memorias y también de llegadas, para nutrir lo que pueda llegar a ser. Como una presencia continua de pasados, presentes y futuros no convencionales que infunden todo tipo de temporalidades y materialidades. Los principios simbólicos asociados a los planetas en el corazón de la astrología no son una influencia unidireccional, sino participativa. Hay un papel "cocreativo del agente humano"[78] con esas fuerzas planetarias. Los tránsitos accionan un principio de conexión con el Kosmos, que es la síntesis griega del orden inteligente.

En el cuento de ciencia ficción "La historia de tu vida", Ted Chiang recurre a "El libro de arena", el cuento de Borges donde Borges personaje intenta encontrar la primera y la última página de un libro, pero le resulta imposible. Un Borges joven conversa con un Borges del futuro, y a su vez el Borges mayor puede conversar con aquel que será. Por eso el escritor señala que este cuento es la "refutación del tiempo". En *La llegada*, película basada en el cuento "La historia de tu vida", la protagonista es una lingüista que deberá comprender la lengua de los alienígenas, que se expresan con grafismos dinámicos de forma simultánea a diferencia de la secuencialidad de nuestro idioma. La lingüista reflexiona que el lenguaje construye el pensamiento y la cultura.

La astrología como lenguaje de conexiones tiene ya inscrito en el código natal la dinámica de los planetas desde el

78 Concepto de Richard T. Tarnas, desarrollado en el libro *Cosmos y psique*.

momento del nacimiento, y se accede en todo presente[79] a la información futura y pasada[80]. Otra cuestión para debatir será el arte de la interpretación humana de esos movimientos orbitales matemáticos y la voracidad por las profecías. El lenguaje astrológico, al igual que el de los alienígenas, encierra en sus signos y símbolos el despliegue del código del tiempo, a diferencia del lenguaje civilizatorio secuencial. El movimiento orbital de los planetas va iluminando aquí y allá su espejo terreno. Un planeta que alcanza —en su movimiento elíptico— un grado del Zodíaco trazado sobre la Vía Láctea activará un campo de experiencia o planeta focal y disparará los múltiples significantes de ese símbolo en cada código natal en particular. Lo que no podemos leer es cuánto de esa información incorporará la conciencia —la parte dominante de la biosfera— para ampliar el texto propio.

En el cuento aparece la pregunta: ¿era realmente posible conocer el futuro (no sencillamente adivinarlo)? A lo que le responden que las leyes fundamentales de la física son simétricas en el tiempo, que no hay una diferencia entre el pasado y el futuro. Dado eso, alguien podría decir: "Sí, en teoría". Pero, hablando más en concreto, la mayoría respondería que no, a causa del "libre albedrío". La pregunta acerca de si todo está predestinado o si nos regimos únicamente por el libre albedrío está condicionada por ese lenguaje secuencial

79 No importa en qué momento se aborde la interpretación del código natal, la lectura en movimiento es posible a través de técnicas como los tránsitos, los ciclos y las revoluciones solares.

80 Efemérides de la NASA: Neil F. Michelsen, *The American Ephemeris for the 21st Century. 2000 to 2050 at Midnight.*

que configura el pensamiento y la cultura, y pone a la protagonista como única operadora del destino. Pero para llegar al "entendimiento" del lenguaje de los alienígenas (y de la astrología), la lingüista debe reconfigurar su mente con relación al tiempo. Ese entendimiento le permite descubrir algo que no podemos ver hasta atravesar la niebla que lo envuelve —como al aprender un idioma nuevo, de pronto se ilumina el significado. Comprende que los alienígenas experimentan todos los acontecimientos a la vez y perciben la intención que los subyace. En los diseños de su lengua escrita ve por qué habían desarrollado un sistema semasiográfico[81] de escritura: era más adecuado para una especie con un modo de conciencia simultáneo.

En la gramática astrológica los "tránsitos" traducen los sucesos adentroafuera —en apariencia imprevistos— que develan una vez más la unión de las esferas a las que se refiere Agamben[82]. A veces reequilibrando el sistema mientras sacuden el punto fijo de la conciencia de sí, y dependiendo del nivel cocreativo (también a nivel humanidad) con "eventos extremos" de la zona externalizada del sistema. Son la homeostasis a la que se refiere J. E. Lovelock en su hipótesis Gaia, leída en el tiempo humano y trae consigo una presencia continua de pasados, presentes y futuros no convencionales para el descubrimiento de una función planetaria en cierto campo de experiencia (casas). Un código natal es una experiencia unitiva

81 Semasiografía: escritura con signos, íconos de comunicación digital, notación matemática y musical.
82 Agamben señala que el gran descubrimiento de la astrología es haber puesto en relación los cielos de la inteligencia con la tierra de la experiencia.

que va manifestándose creativamente en el tiempo. Así, los tránsitos también nos hablan.

Entre los años 1938 y 1940 se producen varios tránsitos de relevancia para Xul y Borges. Plutón estaba en Cáncer en el cielo; al ser este el ascendente de Borges abre la puerta al estilo Hades para dejar morir todo lo que ya ha perdido vitalidad. Fue hacia fines de 1938 cuando Borges se cortó la frente, cayó hacia atrás, pero no murió, entró al abismo de Plutón a causa de una infección febril durante varios días. Finalmente él mejoró, pero sí fue el fin de su creencia acerca de los límites de la literatura y de cuánto podía su madre determinar sus elecciones. Por esa misma fecha, Saturno, en su movimiento elíptico, pasó por sobre su Luna/Leonor para la maduración de su mecanismo de respuesta afectiva de la infancia. Aunque fuera ella misma quien le hubiera metido —a través del corte en la cabeza—, sin saberlo, la ciencia ficción de Ray Bradbury y la trilogía cósmica de C. S. Lewis para repetir así el juego de intrusión-estímulo-acción, esta vez, para su sorpresa, su hijo se desvía hacia otras experimentaciones literarias. "Previamente había escrito algunos poemas y docenas de reseñas breves (…), decidí intentar algo que nunca hubiera hecho, (...) intentaría escribir un cuento", dice Borges. Dar la cabeza contra el marco duro de una ventana, a veces, parece necesario. En ese mismo año, 1938, muere el padre-Saturno, mientras Neptuno, su dios susurrante, transita la constelación de Virgo y diluye en parte sus sujeciones atrayendo material onírico a su conciencia, que será de relevancia en futuros cuentos. Ya en 1940 va a sumarse Urano en tránsito por su Medio Cielo: irrumpe lo insólito de una configuración (Urano-Sol) preexistente en su código natal, con la publicación del cuento "Tlön, Uqbar, Orbis Tertius". Solo imaginen la sorpresa de los lectores.

En estos mismos años, Plutón en Cáncer transita la casa 5 de Xul derribando en parte a Saturno, signado como muro: inaugura en su casa el Pan Klub[83], una concreción sólida y duradera. Es allí donde conocerá a su futura compañera. Mientras Júpiter, su aliado, alcanza el signo de Piscis, su ascendente. Xul inicia el proyecto de un nuevo tipo de pintura, que denominará grafías plastiútiles: una forma de escritura plástica creada a partir de signos verbales y visuales, desafiando un doble canon artístico. Pero, sobre todo, ese Júpiter en tránsito, el regente tanto del Sol como de su Luna sagitariana, ha activado su ascendente pisciano al atravesar esa constelación, dando un paso hacia su anhelo de bienestar para un mundo mejor, el Pan Klub va propiciar un "ensueño azul de futuro".

Juntos y diferentes

Recién llegados a Buenos Aires, pero aún sin conocerse, Borges y Xul se suman a la vanguardia que despertó en *Martín Fierro*. *Martín Fierro* fue un "momento" más que un movimiento, uno enérgico, armonioso y libre. Tanto Xul como Borges adaptaron la metáfora gauchesca consignada por el criollismo: Borges explorando el mundillo suburbano, y Xul creando idiomas híbridos como el neocriollo, inventariando

83 Fundación Pan Klub, Museo Xul Solar, sigue funcionando en la actualidad.

neologismos y pintando acuarelas donde flotan textos. Xul era un espectáculo cordial. Traía alegría y serenidad a cada tiempo presente y logró una amistad intensa con escritores y artistas. Primero con Norah Borges por el arte plástico. Este recién llegado a la tribu hace reír a todos: están Marechal, Borges, conoce a Petit de Murat. Finalmente, le piden colaboraciones. El pintor altísimo creó la gráfica de *Martín Fierro*, pero el mayor trabajo colaborativo se concretó a partir de 1933 en la *Revista Multicolor de los Sábados,* donde Botana, el director del diario, lo llama a Xul "poderoso alegrante". Le publicaron: "Cuentos del Amazonas, de los Mosetenes y Guaruyús". Trabajan en simpoiesis —el hacer colaborativo continua con traducciones y viñetas. Borges acababa de ascender a Xul a ser parte de una trilogía de visionarios místicos, junto con Swedenborg y Blake.

Borges: Virgo-Cáncer y Xul: Sagitario-Piscis

Los símbolos de los signos de Borges, Virgo-Cáncer, van hacia el interior, se enrollan sobre sí. Los de Xul, Piscis-Sagitario, apuntan hacia afuera, abren en vez de cerrar.

Ya sabemos que Xul, el catrólico, expande su creatividad sin límites (Sagitario-Piscis), y Borges talla la literatura como un diamante, con el detallismo virginiano. Nuestro escritor oficial desmenuza el lenguaje y lo vuelve preciso; Xul lo mezcla, lo confunde, cuando no lo inventa. Estos signos de Borges, Virgo y Cáncer, tal como se representan, van hacia el interior. En cambio, Piscis y Sagitario apuntan hacia el exterior. Entre los dos imprimen un movimiento que va girando hacia el centro de una discusión creadora. Las exploraciones artísticas-esotéricas e idiomáticas de Xul tienen poca audiencia. Borges va concentrando y esencializando su escritura que genera cada vez más reconocimiento. La polarización de Virgo y Piscis a veces toma máxima distancia: uno se dispersa, parece no tomar nada seriamente, no madura —visto desde la monocularidad de Virgo. Y Virgo se fija demasiado en los detalles, tal vez muy intelectual y preciso, visto desde Piscis. En sus primeros tiempos, Borges se aferra a la literatura localista y busca una identidad argentina en la literatura, a diferencia de Xul, que busca una de carácter universal con la panlengua. Donde Borges pule la lengua, Xul la rompe. Borges precisa un trago para subir a un escenario, Xul se expone buscando audiencia. Finalmente, sugiere Sylvia Molloy, Borges y Solar buscan la diferencia más que la asimilación. Sin embargo, algo sucede.

La acomodación a un sistema ampliado de relaciones funciona, aunque se dé en la tensión de sus soles. Desde la comodidad afectual-cognitiva de sus lunas en Fuego, surge una mirada filosófica compartida (Júpiter en sinastría en el mismo signo) y abren las fronteras de las autorías. De la simpoiesis nace "eso del medio" que no es lo uno ni lo otro, que a su vez estalla en infinitas conexiones y es en esta interacción que acceden a una inteligencia colectiva. En el descentramiento hay una pérdida de equilibrio. Lo "propio" se excita ante lo que se percibe como ajeno (se rechaza o se atrae) hasta que lo externalizado del sistema del código natal se ilumina como una zona activa que ya estaba allí. ¿Qué es ajeno, qué está afuera (de qué)?

A Xul le iba mal como pintor, la centralidad lo excluye, pero siguió adelante con su obra. Pintaba sus pequeñas acuarelas y las vendía de vez en cuando, tenía muchas en su casa que no podía colocar. Las obras que vendía por monedas hoy valen cientos de miles dólares. La crítica no lo recibía, era considerado un excéntrico, para algunos también un chanta. En la exposición de 1940, Romero Brest le reconoce cierto dominio técnico, pero dice que "sobrecarga su arte con esoterismo". No olvidemos este hecho: Xul Solar no vivía de sus dibujos o pinturas, vivía de hacer cartas natales y horóscopos. Conocía a mucha gente que lo hubiera podido ayudar, cuenta Borges, pero los amigos adinerados se entretenían con él. La Academia Nacional de Bellas Artes nunca lo incluyó en las historias que se iban publicando en la columna de arte del diario *La Nación*. Sin embargo, cuando la gente le preguntaba a Borges: "¿Qué es Xul, es un invento?", respondía: "Es un genio".

Como en una interacción de conjuntos matemáticos, encontramos a la Luna y a Júpiter en la zona de elementos comunes: es un encuentro afectual-cognitivo, de muchas tardes juntos en la biblioteca de Xul. En el ensayo "El idioma infinito", Borges escribe unas líneas para su amigo: "Estos apuntes los dedico al gran Xul Solar, ya que en la ideación de ellos no está limpio de culpa". Xul ilustra con viñetas el libro de Borges *El tamaño de mi esperanza* (del tamaño de la Luna en Sagitario). Y las formas lingüísticas que Xul estaba ensayando en esa época, como el acriollamiento de las palabras ("realidá" o "ciudá", "atontáo"), alimentan la escritura de Borges. Aparecen notas y traducciones de Xul en la

Revista Multicolor de los Sábados, en el diario *Crítica*, en *El Hogar* y en *Destiempo*. Realiza una traducción para la editorial Losada y también traduce para *El Hogar* un cuento de May Sinclair, "Donde su fuego nunca se apaga", elegido por Borges. Los años de intensa conexión entre Borges y Xul son los veinte y los treinta y acaban en un cuento, publicado por primera vez en el número 68 de la revista *Sur* (1940) y poco después en el libro *El jardín de senderos que se bifurcan*, integrado más tarde en *Ficciones*. Ese relato es uno de los más complejos desde el punto de vista filosófico de los escritos por Borges: "Tlön, Uqbar, Orbis Tertius".

Tlön es Xul[84]

Borges publica en 1940 "Tlön, Uqbar, Orbis Tertius". El cuento narra la vida en un planeta llamado Tlön, un mundo imaginario inventado por una sociedad secreta de astrónomos, biólogos, metafísicos, poetas, pintores y geómetras. Detrás de tantos individuos hay un verdadero inventor de Tlön: un genio que reunía todos esos saberes y que era Xul. Al principio, Tlön es un caos, un cosmos sin leyes que lo rijan: tal como fue visto y juzgado Xul. Un caos en yuxtaposición de formas, signos y colores, sin ilación lógica. También la personalidad de Xul era, como Tlön, incomprensible: no se sabía si era un sabio o un farsante. En el cuento se cita una frase en tlönico ("hlör u fang axaxaxas mlö"), que se traduce al castellano ("Surgió la luna sobre el río"), pero para explicar cómo funciona ese idioma se

84 Título tomado de un capítulo de *Xul Solar. Pintor del misterio*, de Álvaro Abós.

la vuelve a traducir, tratando de conservar la sintaxis y transformando los verbos y sustantivos según la gramática del planeta inventado: "Hacia arriba detrás duradero-fluir luneció". A continuación, el narrador cita la traducción que propone Xul, sin aclarar que lo hace desde uno de los idiomas que él había inventado: "upa tras perfluyue lunó". El resto del cuento narra la búsqueda de la fuente de esta cita, el descubrimiento de una enciclopedia que habla de otro mundo, la reflexión sobre este fascinante planeta y las transformaciones que sufre el nuestro a partir de que las mayorías comienzan a creer en la nueva lectura del universo. También, allí hay un sistema de numeración: el sistema duodecimal de Xul.

El caos de Tlön, el mundo caótico creado por Borges, inspirado en Xul, de una humanidad encantada por las formas amables, olvidadas la crueldad y la injusticia, no representa solo el optimismo de Sagitario, sino la utopía como aliento vital. La progresiva sensibilización en Piscis registra la biosfera por encima de lo particular. La individualidad se pierde, y esto es muy difícil para la identidad. Por eso ya no desea dominarla. Quien tenga el ascendente en Piscis, como Xul, sentirá el tironeo de esa percepción universal. Tanto en *Adán Buenosayres*, de Leopoldo Marechal, como en la visión literaria de Borges, la interrogación sobre la verdadera naturaleza de Xul está presente. Quienes se acercan al mundo de Tlön se desconciertan, pero si perseveran pueden descifrar el secreto. Xul le dice a Borges que su arte no es fantástico, que no inventa nada, que es realista, porque pinta la realidad de otro mundo posible; Borges escucha. Su conciencia aprende lento a dialogar con esa otra índole. Descubre, al discriminar la fantasía, las ilusiones infantiles —como juguetes vueltos adornos que de pronto molestan— de la intuición, una forma irracional de la razón, cuyo accionar puede ser inefable. Tlön es el planeta utópico de la armonía, que describe el narrador borgeano. Esa es la índole de Xul. Es así como Tlön, la ficción enciclopédica por excelencia de Borges, según Pauls, ya no es un espacio de identificación tranquilizadora, sino una región de incertidumbre.

Es en esa ficción que Borges puede abandonar la exhaustividad obsesiva de clasificar. "En vano fatigamos atlas, catálogos". Cuando un virginiano no está más preso de la corrección del detalle y comprende que no podrá controlarlo todo, sobreviene la humildad.

Se inaugura una visión binocular: los polos como complemento. Al otro lado del detallista está la energía inclasificable de Xul, quien le trae información de otros mundos. Y al otro lado del "delirante" está la energía del orden y la concreción. Esa amorosidad sentimental de signos ascendentes en Agua abre una *via regia* para pasar al siguiente círculo de lo humano e integrar su ascendente en Cáncer: cálido y popular. Avanza con el talento de su Mercurio con alas en los pies (regente de Virgo) y el filo de la espada mental de la energía ariana. En "La escritura de Dios", Borges menciona una rueda que está hecha de Agua y de Fuego (energías de Xul), que es infinita, y al ver esa rueda lo comprende. ¿Xul le hablaría a diario de astrología, de ocultismo y de sus experiencias como visionario?

En el prólogo del catálogo a una exposición de Xul (Galería Samos, Buenos Aires, 1949), escribe Borges: "Sus pinturas son documentos del mundo ultraterreno, del mundo metafísico en que los dioses toman las formas de la imaginación que los sueña". El escritor y crítico de arte argentino Daniel Molina dice al respecto: "Casi todas las menciones a Xul en los textos borgeanos de los 20, 30 y 40 están relacionadas con el lenguaje. Así sucede en 'El idioma infinito', 'La inscripción en los carros', 'Las kenningar' y en la mención explícita de 'Tlön, Uqbar, Orbis Tertius'".[85] Xul, como la lingüista en la ficción de Ted Chiang, ha alcanzado el entendimiento instantáneo de signos y símbolos en la biosfera del lenguaje y se lo ha ofrecido a su amigo. Para cada relato de *Historia universal de la infamia*, basado en hechos reales, Borges ofrece las fuentes de las que tomó los datos. En el caso del cuento sobre Hákim de Merv, presenta dos libros, uno de los cuales no existe: es el primer apócrifo documentado en Borges. Y su traducción, desde el alemán, de ese falso libro, se la adjudicó a Xul, citado como Alexander Schulz.

Neptuno en casa 12 de Borges: su desesperación de escritor

Neptuno en casa 12. Neptuno para los romanos,
Poseidón para los griegos, el dios de los océanos.

Borges tiene a Neptuno, el planeta que rige al signo de Piscis, ubicado en la casa 12, la última del Zodíaco, donde todo lo

85 Daniel Molina, "El Dios Vencido (Borges y Xul Solar)", *El Baikal*. https://www.elbaikal.com/el-dios-vencido-borges-y-xul-solar/

personal se disuelve. Tener poblada la casa 12 es la experiencia de convivir con dioses que susurran en la conciencia e insidiosos se filtran entrelíneas. A veces tomará el carácter de pesadilla. Neptuno reproduce las voces de todos los místicos de todos los tiempos acumuladas en el inconsciente colectivo. Borges posee un filtro virginiano —como signo opuesto a Piscis— para clasificar, ordenar y procesar místicos. Ser de Tierra como identificación, y a su vez tener en su código natal un Neptuno agigantado, lo convierten en un perseguidor de epifanías. Borges suscribe el juego pendular que se le presenta entre lo racional y lo místico fantasmático. Desarrolla una estrategia para lidiar con esta clase de presencias, que es información inclasificable en su biosfera semántica, las busca en sueños e insiste en que se vuelvan materiales.

Para quien crea en la reencarnación o en la rueda eterna de la vida, la casa 12 es un campo ya experimentado. Si pudiésemos acceder a un registro, a esa infoesfera de vidas pasadas, encontraríamos que el escritor ya ha sido un místico. Pero en su "tiempo Borges" lee diseños y experiencias transpersonales sin entender que eso que lo fascina pertenece a pasados ancestrales, e insiste en evocar ahora eso difuso, perdido. Efectivamente clasifica a todos los monjes budistas, a todos los iluminados religiosos, todos los éxtasis. En su memoria mayor recuerda arquetipos antiguos acumulados colectivamente. Neptuno en 12 es la clave de acceso a esa infoesfera cargada de potencias heredadas en relatos, mitos y sueños; son agencias psíquicas que lo atraen y lo atormentan. Él, el pormenorizador, hará el denodado esfuerzo de describir minuciosamente esa memoria mayor, para luego ser capaz de comprimirla en una sola línea. Supone que una metáfora —"en análogo trance"— lo asistirá como emblema místico personal, pero luego siente que las palabras la contaminarán de falsedad. El arte de Xul, como signo negativo para los críticos, sí está cargado de esos emblemas. La experiencia del éxtasis lo esquiva, y Borges se desespera. Un fantasma de rostro borroso, pero de musicalidad perfecta se impone como una secuela del paraíso que busca laborioso en la tierra: en "Borges y la tradición mística", Carlos Gamerro supone que "arrastró durante toda su vida literaria una íntima frustración: la de no haber sido un poeta místico". Borges por ahora es Borges. Uno que va caminando con muchos místicos encima, pero ninguno le pertenece.

Hay ráfagas lúcidas en "La biblioteca de Babel" cuando el universo toma la forma de una vastísima biblioteca (emblema-signo-fetiche de Virgo), pero nadie puede hallar el libro que busca. Es esta una metáfora perfecta del eje Virgo-Piscis (Neptuno en casa 12), es la revelación del complemento en la polaridad: Borges hace fichas para luego perderlas. A veces, contra este sentimiento oceánico, surge la obsesión de explicar, pero también desarrolla una capacidad omnivincular. Neptuno en casa 12 habilita la experiencia simpoiética y representa en el Zodíaco la energía crística como significado último del amor universal. Xul decía sin filtro que en la literatura "hay extraños seres alados que viven de ideas, se alimentan de ideas y las siembran en todo el universo, caen sobre mentes que están preparadas, y puede ocurrir que haya varias personas que al mismo tiempo tengan la misma idea". No lo reconocían como artista porque (crítica de la academia) era un místico. Además de Xul, Borges tiene otra traductora multidimensional: "Debo recordar a mi abuela que sabía de memoria la Biblia, de modo que puedo haber entrado en la literatura por el camino del Espíritu Santo",[86] esa energía crística está presente en su código natal, una información pasada que lo cautiva, pero lo confunde. Para Xul, en cambio, es su presente activo. Borges nunca tuvo una revelación, un éxtasis como los que habían experimentado algunos de sus autores favoritos y también algunos de sus propios personajes. Persigue entidades místicas entre las líneas de W. Blake o E. Swedenborg, pero cuestiona las visiones de Arthur Rimbaud cuando muestra su preocupación por el origen místico de la vida. Se esfuerza por alinear sus fantasmas al registrar en un libro inasible quién sí y quién no tuvieron esa experiencia. Pero sí estuvo abierto —incluso le gustaba estimular su modo de abolir la realidad— a la ilimitada experiencia visionaria de su amigo. "Pienso en Xul Solar y pienso en sus colores predilectos y también en las formas; en el hecho de que los cuadros correspondían a visiones". Borges no asimila de inmediato estos signos, los reduce lentamente (Virgo) al prodigio de su estilo.

Podemos diferenciar la enorme capacidad de abstracción mental, inteligencia y erudición de Borges de la experiencia mística húmeda e inmediata, que decididamente no depende de los conocimientos acumulados. Las fronteras móviles que María Esther Vázquez detecta en el pensamiento borgeano, siempre en equilibrio imposible entre la vigilia y el sueño, la literatura fantástica y la teología, lo concreto y lo abstracto, no satisfacen su anhelo de empaparse, como en un bautismo por inmersión en el agua, de la energía de Neptuno, que percibe como una visión silenciada.

86 María Esther Vázquez, *Borges: imágenes, memorias, diálogos.*

Gershom Scholem, un autor que Borges respetaba, habla del carácter amorfo e intransmisible de la experiencia mística. "No he merecido nunca semejante revelación, pero he procurado soñarla", afirma Borges. Intuye que esa experiencia de los místicos está —aun para él, eximio en memorias— en alguna parte inalcanzable de su pasado. Como señala C. Gamerro, es Borges, nada menos, un hombre al que muchos han estado y están tentados de calificar de visionario, a veces impulsados por ese mito que asocia la ceguera con la visión interior, la profecía y la clarividencia (tengamos en cuenta que "místico" se deriva del griego *μύειν*, "cerrar los ojos"). ¿Acaso Borges creyó en la justicia de esa compensación?

En *Qué es el budismo*, ordena según el abecedario: a) el desdén por los esquemas racionales (...); b) la percepción intuitiva, ajena a (...) los sentidos; c) el conocimiento absoluto, que nos da una certidumbre cabal, irrefutable (...); d) la aniquilación del Yo (...); e) la visión del múltiple universo transformado en una unidad; f) una sensación de felicidad intensa. También enlista místicos: Dante Alighieri, Angelus Silesius, Emanuel Swedenborg, William Blake, Walt Whitman, Arthur Rimbaud y Ralph Waldo Emerson. Los nombra, pero a veces no les reconoce la plena dignidad del místico. Los critica. En una conferencia, Borges cuestiona lo místico de Emanuel Swedenborg. Lo compara con San Juan de la Cruz y comenta que en la obra de Swedenborg no hay nada de eso, solo metáforas que describe tranquilamente. De Dante Alighieri sí confirma que lo ha experimentado, pero sin embargo cuestiona si lo vivió personalmente. "Rimbaud no fue un visionario (a la manera de Blake o de Swedenborg), sino un artista en busca de experiencias que no logró". De Walt Whitman apunta que en *Hojas de hierba* "pudo haber algo". Borges está a la pesca, desmenuza y analiza las experiencias místicas. Finalmente, cuando *arriba al inefable centro de su relato; empieza su desesperación de escritor*[87] y como virginiano, postula que es aventurado pensar que una coordinación de palabras pueda parecerse mucho al universo:

> Si (como afirma el griego en el Cratilo)
> el nombre es arquetipo de la cosa
> en las letras de *rosa* está la rosa
> y todo el Nilo en la palabra *Nilo*[88].

Borges apunta directo al misterio de la creación en la literatura y a su personal desesperación.

Olaf Stapledon había escrito en 1937 *Hacedor de estrellas*, una novela de ciencia ficción que Borges prologó. El inicio de esta novela es simple: el protagonista da unos pasos fuera de su casa para ver la noche estrellada y despega en un viaje astral inesperado expandiendo su conciencia para abarcar desde el principio al fin del universo. Se encuentra con viajeros con quienes comparte la experiencia. Después de que el protagonista alcanza al planeta Neptuno (Neptuno en casa 12 de Borges), el estallido monádico lo pone en contacto con la creación. Surge una inteligencia cósmica y planetaria que lo conmueve: el hacedor de estrellas.

En la traducción al lenguaje astrológico de su particular biosfera semiótica —un sistema de signos unidos a significa-

87 "Arribo, ahora, al inefable centro de mi relato; empieza, aquí, mi desesperación de escritor". "El Aleph", *El Aleph* (1949), *Obras completas 1*.
88 "El Golem", *El otro, el mismo* (1964), *Obras completas 2*.

dos— vemos cómo Borges aspira a nombrar las multidimensiones condensadas en Neptuno, incluso la información que percibe de la ubicación en su código natal en casa 12. Sin embargo, lo decepciona que aún con toda su inteligencia no le esté dado experimentar un viaje semejante, aunque sí prologarlo. Finalmente, su literatura adquiere un nuevo relieve que evoca esa experiencia universal para los lectores. Lejos de la desesperación, más cerca de la humanidad y de nuestras limitaciones.

> Todo lenguaje es un alfabeto de símbolos cuyo ejercicio presupone un pasado que los interlocutores comparten; ¿cómo transmitir a los otros el infinito Aleph, que mi temerosa memoria apenas abarca? Los místicos, en análogo trance, prodigan los emblemas: para significar la divinidad, un persa habla de un pájaro que de algún modo es todos los pájaros[89].

La imaginación del Aleph le permite alcanzar la paradoja de la incomunicabilidad de la experiencia mística. Cuando Borges personaje de "El Aleph" ve el punto donde están todos los puntos del universo siente "infinita veneración, infinita lástima" y llora.

Los regalos: la belleza de la experiencia humana

En la exposición que logra realizar en 1940, Xul vende un solo cuadro y canjea otro por libros. Se entera de que el comprador

89 "El Aleph", *El Aleph* (1949), *Obras completas 1*.

fue su amigo Borges, que lo pagó con su primer sueldo municipal. Entonces, Xul le regala uno más grande. Se trata de *Tlaloc*, una representación de un dios mesoamericano de la lluvia y del trueno del que fluye agua como si se tratara de una fuente. En el cuadro hay una inscripción: "Agua". Un dios del Agua. Su elección no fue inocente: Xul sabía que Borges tenía un dios del Agua, Neptuno, susurrando desde la casa 12, ya que él mismo le había confeccionado su carta natal. Ese cuadro, que Borges conservó, le recordaba que confiara en la intuición sensible, y no solo en la racionalidad. Ese regalo se encausa en la confluencia de sus dos ascendentes en Agua, como dos ríos que viajan hacia un agua mayor.

Pero ¿qué le regala Borges? Una autoridad amigable que Xul pueda incorporar en su subjetividad, algo de hueso para que la academia no lo derrumbe. Su amigo le acerca el Saturno de su código natal, ya no como un muro que no logra traspasar, sino como un viejo sabio, un emblema del tiempo. Lo hace amorosamente, en vez de ser límite y juicio despiadado, Borges lo aprueba. Tal vez es el único, pero no es cualquiera. Borges le da un juicio positivo en público a su genialidad. "¿Usted es normal?", le preguntaban a Xul delante de su amigo Borges. El escritor oficial de la Argentina le regala a Xul un jefe interno, a través de la confianza que lo aploma en la Tierra. Como símbolo y atributo, Xul le entrega a Borges un bastón de mando que había sido del abuelo Solari, y que Borges acepta emocionado.

Ambos alcanzaron los límites del otro: las convicciones políticas opuestas en la época del primer peronismo y las creencias místicas del artista-astrólogo practicante de ritos esotéricos. Borges fue uno de los ochenta y nueve firmantes de la declaración de escritores donde se objetaba la candidatura de Perón, y Xul firmante del documento de rechazo a lo que estos escritores habían firmado, pero esa situación no pareció perturbar la relación.

Xul le "extrañó" la mirada a Borges, que se abrió a un imaginario fantástico como un aporte a su poética. Borges mencionaba la "percepción co-recíproca" de las virtudes de su amigo místico, su erudición y su imaginación hiperbólicas, que ponían a prueba cualquier prejuicio o construcción dogmática de la razón. Borges habla de una "esencial afinidad" al recordar sus conversaciones. Adolfo Bioy Casares sugirió que

Borges había creado a Xul, pero Petit de Murat afirmó que se había equivocado, que Xul sería tenido como omniscio creador de Borges.

En el sistema biosférico, esa envoltura donde el código natal se despliega alcanzando o no su potencialidad, existe una fuerza mayor al daño, que es la vitalidad de la compensación. El mundo se reequilibra, a veces con la catástrofe, pero también con la emergencia del amor. La cooperación, incluso la simbiosis, permea la conciencia, esa pequeña parte que se ha creído ser el todo. Como dos esferas móviles y penetrables, Xul y Borges intercambian materia sensible de sus códigos natales, entonces, una nueva criatura artística nace.

¿Fue Xul un artista no reconocido porque era un místico? Xul abraza su ascendente, ya sin el sufrimiento del juicio insano del canon, a pesar de no haber vendido sus cuadros y no haber logrado un lugar reconocido desde la crítica. En la visión literaria de Borges, la interrogación sobre la verdadera naturaleza de Xul está presente, así como también su apoyo incondicional:

> Hombre versado en todas las disciplinas, curioso de todos los arcanos, padre de escrituras, de lenguajes, de utopías, de mitologías, huésped de infiernos y de cielos, autor panajedrecista y astrólogo perfecto en la indulgente ironía y en la generosa amistad, Xul Solar es uno de los acontecimientos más singulares de nuestra época[90].

90 "A Xul Solar", *Textos recobrados 1931-1955*.

Desde la perspectiva astrológica Xul-Borges, el vínculo entre ellos, esa tercera criatura, está hecha de la sustancia del místico y del escribiente.

Xul regresa al río

> "Ninguna otra ciudad, que yo sepa, linda con un secreto archipiélago de verdes islas que se alejan y pierden en las dudosas aguas de un río tan lento que la literatura ha podido llamarlo inmóvil"[91].
>
> Jorge Luis Borges

Es el 13 de agosto de 1946, Xul tiene cincuenta y nueve años. Como buen astrólogo conoce la matemática de los ciclos planetarios. Aplica los cálculos necesarios en su mapa natal de los tránsitos para ese día. Siente que esta vez Kainos abre un lapso en el que algo importante puede suceder, un futuro no convencional, por fuera de la huella de la infancia, infundiendo todo tipo de temporalidades y materialidades. Siempre decía que en su código natal tenía dos planetas que le daban "una vida árida de soltería". Se refería a Saturno en tensión con Venus. Cree que estos planetas le dan un respiro: Júpiter, regente de su signo solar y lunar, un planeta "benéfico" en general, pasa por sobre su Venus natal y comienza a dialogar con Saturno, el muro para él. Nadie lo va a juzgar por esta decisión, ningún crítico encumbrado dirá nada. Olga Orozco recuerda ese día:

91 "Las islas del Tigre", *Atlas* (1984), *Obras completas 3*.

"Él tenía un grupo de alumnas que además de aprender se ocupaban de la parte técnica de la astrología, es decir, hacían los cálculos y levantaban el código natal para el horóscopo, y él después realizaba la interpretación (...). Vio un día en su horóscopo que ese paralelo (tránsito) le daba un respiro de 48 horas; podía colarse, podía avanzar por allí, y decidió casarse. La primera en llegar a su casa ese día fue Lita, una mujer muy terrestre, muy entrada en razón. Xul le dijo sin vacilar: '¿Te casarías conmigo?'. Ella contestó muy azorada que tendría que pensarlo, pero él la conminó: 'No, no hay tiempo, solo unas horas'. Entonces ella le dio un conmovido sí".

Micaela "Lita" Cadenas, "mi querida cuidadora", le decía Xul. Lita, igual que Borges, funciona un poco como su Tierra: "Xul Solar es un místico (…) su mejor colaboradora es su esposa, que actúa de contrapeso para situarlo en la realidad"[92], dicen quienes lo entrevistan. Ella conservó hasta el año 62 una singular función: la de jefa de Comunicaciones de la Casa Rosada, donde actuó desde los años 20. Gracias a que Lita "Cadenas" lo sujetó y ordenó su trabajo, hoy, otro día planetario, podemos ver su obra exhibida en una de las salas del Museo Nacional de Bellas Artes, en la Ciudad de Buenos Aires. Después de su muerte apareció un *marchand*, Jorge Povarché, más tarde fundador de la Galería Rubbers, que fue haciendo una tarea lenta de rescate de la obra. Xul trascendió hasta incorporarse al Olimpo de los pintores argentinos del siglo XX, junto a Emilio Pettoruti, Raúl Soldi, Lino Enea Spilimbergo o

92 "Xul Solar, pintor de símbolos efectivos", en Patricia Artundo (comp.), ob. cit.

Antonio Berni. Pero es difícil saber cuánto le importaría.

Xul está de vuelta en su territorio líquido del Delta. Es 1954, ha comprado una casita a la que nombra Li-Tao: Li por Lita y Tao, "el camino espiritual". Está apenas retirada del río Luján, a la altura del muelle Los Ciruelos, rodeada de humedal. Plantó en el suelo esponjoso una hilera de cipreses de los pantanos, que elevan las raíces, los neumatóforos, para respirar cuando están inundados. El agua marrón, en ocasión de una creciente, abrazó la vivienda, escondió los cimientos y Li-Tao pareció surgir del río. Xul Solar armó su taller en el piso superior y agregó una vidriera para tener más luz. Iba poco a la ciudad. Navegaba con una canoa que él mismo había diseñado. Pintaba, recibía amigos, visitaba a los vecinos. Quería crear una comunidad en el Delta para una vida mejor. Xul fue pasando cada vez más tiempo en Tigre, y sus apariciones públicas se hicieron esporádicas. Llegó 1962 y brindó su "Conferencia sobre la lengua" en el Archivo General de la Nación. Aún buscaba una lengua universal. Ese año lo entrevistan: "Xul es un muchacho de casi setenta años. Es alto, espigado, viste con sencillez y lleva algo de suprema elegancia y jerarquía espiritual. Una frase trae una asociación de ideas imprevistas y de allí se pasa a otra cuestión... nos lleva al mundo xuliano en el que él vive. En los numerosos cuadros que cuelgan en las paredes hay escaleras que suben, repetición permanente de superación"[93]. Xul le cuenta al cronista que ha vuelto a la música, que reforma un piano que revolucionará todos los pianos y que las notas producen un tono entero. Es

93 Patricia Artundo (comp.), ob. cit.

un piano astrológico. Xul le confiesa que trabaja para un mundo donde la expresión del arte sea una necesidad, donde cada uno tenga la posibilidad de decir lo que quiera, como pueda, con su propia lengua y auténtico tono. Está preparando una exposición de pintura y caligrafía. En Piscis, el texto termina y el silencio comienza.

Estamos en 1963. Los cipreses y Xul han vivido este último año con los pies en el agua como especies anfibias. Llega el otoño, es algo caluroso. El 9 de abril, se acuesta y le pide a Lita que le acerque el rosario de setenta y una piezas de madera tallada, coloreadas por él, con la cruz de Caravaca, el mismo con el que aparece en la obra *Desarrollo del Yi Ching*, pintada diez años antes. Es una representación de la reliquia de la cruz en la que Cristo fue crucificado, y que hace referencia a la unión de las dos esferas que el hombre puede habitar: la material y la espiritual. Muere a los sentidos, con los dedos en las cuentas del rosario. Por su lado, Borges, en uno de sus últimos poemas, "Cristo en la cruz", suscribe a un Cristo humano, con los pies en la tierra, que sabe que no es un dios sino un hombre que muere con el día.

Borges cierra así su discurso por la muerte de Xul: "Es curioso que ustedes hayan invitado a un ciego a hablar de pintura. Por supuesto he visto la pintura de Xul, y sigo viendo esa pintura, pero para hablar con más propiedad, Xul y su pintura siguen viéndome". Si el diálogo es la ley universal del cambio, con Borges la cumplieron:

> Amigo que no ha muerto, con quien alguna vez compartí las músicas verbales de Swinburne y de Johannes Becher, y

> que me ayudó a penetrar en los laberintos de cabalistas y de gnósticos, gracias por esta renovada lección y por la lección de tu vida. Ambas —con símbolos diversos— nos dicen que nuestra cobardía y nuestra desidia tienen la culpa de que el mañana y el ayer sean iguales y que la imaginación y el amor podrían transformar el universo en el espacio de un segundo, si verdaderamente lo quisieran, y que el paraíso ya está aquí[94].

Es Xul, su amigo, la fuga al cielo que Borges vive en estado de amistad. A pesar de sus contradicciones, la experiencia de vivir en simpoiesis es de enorme belleza. Más allá del alcance de sus mentes sensibles, podemos signar con el lenguaje astrológico qué clase de reconfiguración sobrecogedora produjo cada uno de los portadores al otro hasta permear sus identificaciones organizadas. Ya no son Xul y Borges, son Xul-Borges, son esencialmente vínculo, son los que enlazan y portan arte que, como dijo Borges, transformaría al mundo en un segundo si verdaderamente lo quisiéramos: el paraíso ya está aquí. A qué llamaba éxtasis Borges sino a una ampliación de las esferas conocidas. A qué se refería Xul con panconciencia sino a una inteligencia ampliada, a una inteligencia vincular. Al amor.

94 "Homenaje A Xul Solar 1887-1963", *El círculo secreto. Prólogos y notas.*

Alejandra y Silvina

Acercarse a la astrología es tomar una perspectiva vincular para comprender el mundo desde otros atributos. La amistad y el amor se entrelazan tomando formas nuevas, a veces sin un nombre para ellas; una atracción magnética que será interpelada en los códigos natales en diálogo. El vínculo de Silvina Ocampo y Alejandra Pizarnik pone en combustión las prefiguraciones que tiene cada una de sí misma y de la otra. Se encuentran, saturadas de críticas y adoraciones, en el fuego sensorial y emocional destacado de sus cartas natales, justo antes de extraviarse en un jardín de sombra. Estas autoras producen una conmoción estética porque han enlazado una inteligencia sensible universal, y la comparten con quienes las leen.

Las familias situadas y las infancias como huella, también las parejas y las figuras contemporáneas, las corrientes literarias epocales y el mercado editorial conforman una cosmogonía de la que las escritoras son parte. Pero en la secuencialidad del tiempo, sin la reconfiguración de la mente al estilo de la lingüística del cuento "La historia de tu vida", de Ted Chiang, seguiremos separando los sucesos externos (lo que llamamos destino) de lo interno, que no es más que la decodificación de la vida desde el texto propio, de la autobiografía que narramos para que el "afuera nos confirme", o que al menos nos digan que ese "yo soy" está "basado en hechos reales". Lo "monádico" (un cuidado preciosista de la vida individual) conforma un mundo de cosas y seres apartados, a diferencia del encuentro, co-laboración, en simpoiesis. Vivimos el mundo de las relaciones entre la ilusión y el fracaso, lejos de la comprensión de los sistemas intertextuales desde donde leer los vínculos expandidos. Podemos entrenarnos para leer la trama, esa disposición oculta con que se relacionan los personajes, por ejemplo, en una ficción literaria. Es una evocación estética que saca el foco del protagonismo, a favor de un relato multifocal.

Así, en la suma del texto visible, diurno, con el no-texto en la sombra, ese texto inscrito en la noche, está el encuentro de lo atmosférico con lo individual. Es una evocación estética que nos recuerda que el primer fuego creador continúa encendido.

La estela del surrealismo en Alejandra y el género fantástico en Silvina brindan algunas características emergentes para la interpretación de los códigos natales. En diálogo con los valiosos análisis biográficos[95] y la obra de las autoras.

95 Mariana Enriquez, *La hermana menor*. Javier Galarza, Leonardo Leibson y María Magdalena, *La perfecta desnudez. Conversaciones desde Alejandra Pizarnik*. María Negroni, *El testigo lúcido*. Cristina Piña y Patricia Venti, *Alejandra Pizarnik. Biografía de un mito*.

Alejandra Pizarnik

Flora Alejandra Pizarnik nació el 29 de abril de 1936
a las 04:30 a. m. en Avellaneda, provincia de
Buenos Aires, Argentina. Buma, Blímele, nombres
familiares de inmigrantes polacos.

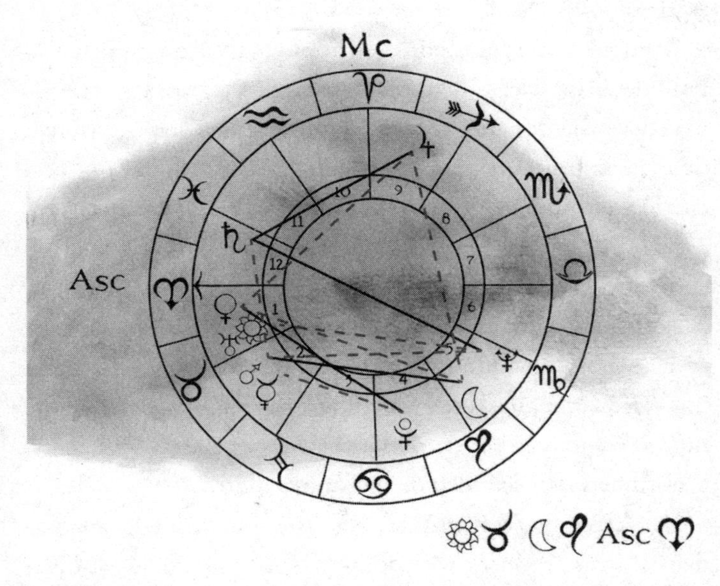

Cuando falta un elemento, debe llamarnos la atención. En la carta natal de Alejandra, donde signos y símbolos interactúan, falta el elemento Aire en su código de origen. Esta ausencia representa la dificultad de objetivación: poner distancia para una captación de contextos desde el pensamiento. Objetivar nos puede dar un respiro, un aire para la reflexión, capacidad de abstracción, una distancia para no tropezar con las personas y las palabras.

Más papeles (cuadernos, borradores, cartas) van surgiendo de a poco respecto de la vida y la obra de Alejandra; en su mayoría, confirmaciones de aspectos que ya conocemos. Pero también sus principales biógrafas, Cristina Piña y Patricia Venti (aun ofendidas con lo que llaman "el texto impertinente" de César Aira), van formalizando dentro del corpus sus escritos póstumos: los *Textos de Sombra*.

Aunque rechazados por la crítica, o más bien temidos, a la hora de analizar el código natal, son estos textos, que la misma Alejandra designó "textos de Sombra", los que cuestionan de manera brutal la estética en la poética, qué es la expresión creativa cuando se toma el riesgo de romper la construcción social y personal del relato. Hay plantas y textos que florecen en la sombra.

Brindando un importante lote de justificaciones, la crítica empieza a encontrarle sentido a esa prosa, y no solo a la incuestionable poesía de Alejandra Pizarnik. La inclusión de nuevas páginas en sus diarios y la correspondencia evidencian la abrumadora necesidad de registrarlo todo.

La "chica rara", excéntrica, era muy distinta de lo que podían esperar entonces sus padres y el imaginario social de la clase media argentina. Flora, Buma, Blímele irán transmigrando por propia decisión al nombre "Alejandra", de pelo corto, que escribe, puteadora, tan distinta de su hermana Myriam. Según la etimología, "Alejandro" (andro), o su versión femenina "Alejandra", quiere decir "el salvador o la salvadora del varón", la "defensora del varón" y, cuando es el relato oficial el que sostiene el control de todo lo que sea oscilante, nos enfrentamos con dramáticas batallas psicológicas. Alejandra entrará tempranamente a la poesía como un rayo de claridad. En el juego del cadáver exquisito, como proponía el surrealismo, la palabra sin corregir suponía un aprendizaje para confiar en sus sucesivos presentes. Su destino no era necesariamente un suicidio farmacológico. ¿O es también el destino de la humanidad, al negar el colapso del sistema, revuelta en el caos y los eventos desestabilizadores autoinfligidos, millones de sedantes e hipnóticos, tal como se evidencia en la química de los mares y los ríos?

Tal vez lo que parece fantasmático como los instantes de incandescencia en la poesía actual y la prevalencia de "lo extraño" en la literatura desvestida de géneros sea un símbolo de aquello que desafía lo que nos ha traído hasta aquí. Depende, en parte, de cuánto de lo que consideramos "fuera de la norma" dejemos ingresar con todas sus expresiones humanas y no humanas. Pero el control del todo desde una porción atemorizada de perder su prevalencia nos vuelve frágiles y cuando florecen los jardines umbríos y estallan en pétalos de hiperconexión textual —como le sucedió a Alejandra—, esas flores suelen cerrarse ante el temor de perder la huella de la infancia simbolizada por la Luna, sin saber cómo volver a casa.

Ante el estado de catástrofe, de derrumbe de lo conocido, ¿puede generarse un pensamiento-sentimiento alterno? La repetición de las mismas prácticas de exclusión nos está matando, y la humanidad infante se refugia y espera que algo, alguien, venga a salvarla. Tal como Alejandra clamaba por lo que figuraba en Silvina en sus últimos días, al sentir que "las perras palabras" la habían abandonado. Ella nos deja una pista en la frase encontrada el día de su muerte, de 1972: "No quiero ir nada más que hasta el fondo". ¿No estamos ya en el fondo? Entonces, a partir de esta pregunta, podemos hacer el experimento mental de colapso y abordar lo que se ha llamado "el derrumbe lingüístico" de Alejandra Pizarnik.

La mente artística es inmensamente fluida, y Alejandra Pizarnik responde al imán de la poesía y busca ir al océano original donde los creadores buscan trazos. Regresa con perlas para sus lectores. Pero vamos a ver cómo se abisma incompleta y se disuelve, como si fuera el océano mismo. Y nadie puede ser el océano, nadie lo resiste. Se puede ser apenas una gota.

Sol en Tauro de Alejandra: "haciendo el cuerpo del poema con mi cuerpo"

Signo de Tierra. La sustancia elemental. El cuerpo físico. Lentitud, sensualidad, concreción material, paciencia, valorizar lo necesario. La sexualidad, la naturaleza. La comida. La tozudez de la argumentación. Sol en Tauro (Tierra), segundo signo: la energía se sustancia, toma cuerpo. El fogonazo inicial toma forma. Arma una base que contiene la energía inicial. El cuerpo lento.

"Mañana
me vestirán con cenizas al alba,
me llenarán la boca de flores.
Aprenderé a dormir
en la memoria de un muro,

en la respiración
de un animal que sueña".
ALEJANDRA PIZARNIK[96]

> (...) mi aspiración más grande se enlaza a mi signo astrológico: Tauro —el mismo que el de Balzac— signo asociado a la fecundidad, a la capacidad de trabajo, a la voluntad, del que estoy desviada por alguna aberración[97].

Flora nació un 29 de abril, día del animal. Sus energías básicas están representadas por la animalidad: Tauro, Aries (cabra o carnero) y Leo.

96 "Sombra de los días a venir", *Los trabajos y las noche* (1965).
97 Carta de Alejandra a León Ostrov, en Andrea Ostrov (ed.), *Alejandra Pizarnik/León Ostrov. Cartas.*

Alejandra se percibe tal como aquello que incorpora, sea sustancia orgánica o poética. Alcohol o drogas. Indaga en la relación entre lo que se propone y la resistencia física del mundo. Por momentos sabe cómo operar con su potencia poética en la sustancia material para la concreción de un libro, de un proyecto; en otros, su deseo insigne de ser siempre "ella", alguien excepcional, fuera de este mundo, olvida la naturaleza física y lenta del cuerpo natural. Alejandra quiere hacer el cuerpo del poema con su cuerpo. Nace al cuerpo (Tauro), luego a la acción (ascendente en Aries), pero sin darse un respiro por el Aire que le falta. Tal es su estado cósmico de nacimiento. Aunque ella se aferra en la ilustración[98] a un árbol rugoso (Tauro), fijó su imagen de joven prodigio en la Luna en Leo, suspendida del tiempo y sin nada para sujetarse.

Familia interior

Flora, que será la Alejandra que ella misma adopte luego de su primer libro, fue hija de inmigrantes de raíces rusas, aunque el lugar de origen estuvo bajo dominio polaco. Llegaron a Avellaneda, en el conurbano de Buenos Aires, llamándose Pozarnik, que quiere decir "copista". Aunque otras biografías señalan que ese apellido significa "fuego en la lengua". Sus progenitores hablaban ídish, no castellano. Elías, su padre, era un *cuentenik* que llegaría a ser joyero. Contar

98 Alejandra se ha fotografiado en numerosas ocasiones abrazada a un árbol, o en parques, en la naturaleza.

dinero, envolver relojes, comprar un terreno, construir una casa era la realidad atmosférica sólida, material, que respiró Alejandra de pequeña: Elías anotaba en una libreta cuántos relojes Omega vendía a los obreros peronistas, así alcanzaron una buena posición económica. La madre se volvió alguien triste a causa del exilio, dicen; llegó al país embarazada de Myriam, hermana veinte meses mayor. Rosa será la madre fría, reglamentada por su origen y recato, que se vuelve cruel en su memoria; en cambio, Flora es la niña que ilumina los ojos de su padre.

Se puede ver a la hermana hablando de Alejandra en varios videos de YouTube. Myriam relata que Alejandra escribía desde chica, que cuando decía: "Mamá, me aburro", la madre les daba plata para que fueran a comprar libros. Todo parece indicar que las necesidades básicas están disponibles. Pero Flora, la taurina —no Alejandra, que más adelante accederá al fuego ariano de su ascendente—, a medida que se va desarrollando, sufre un fuerte acné y una obsesión con la gordura: está incómoda con la materialidad de su cuerpo. A los doce o trece años adquiere una leve pero perceptible tartamudez (este rasgo característico de su pronunciación se mantendrá durante toda su vida). "Es lenta y estira las frases…", dijo León Ostrov, su primer psicoanalista.

Ivonne Bordelois, que la conoció más adelante en París, cuenta que Alejandra vivía arriba de un restaurante chino, y que nunca va a olvidar el olor a camarones. Para la astrología, que recoge lo que se descarta, aunque sea este un ejemplo simple, el adentroafuera tiende a compensarse como una unidad. Alejandra, con dieciocho, diecinueve años, rechazaba su cuerpo y la comida, pero era de Tauro y vivía envuelta en olores gastronómicos. Tenía una masa corporal que detestaba y una inercia que le costaba superar. Por un período se atraganta con comida que luego vomita, se encontraba fea. Más adelante, al poner en juego la premisa de enlazar el cuerpo del poema con su cuerpo, tensiona esta estructura psíquica, pero postula su esencia más profunda: ir de la idea a la materialidad, asumir la gravedad de la sustancia. Sin embargo, el juicio acerca de su figura interfiere en su despliegue. ¿Desde qué recorte de la carta natal como biosfera, desde qué identificación quiere dominar y destruir el resto de sus energías, a las que llama "aberración"? Siendo de Tauro podría haber contado con su cuerpo como base para experimentar el vuelo de su mente. No obstante, lo aparta de sí como si esto fuese posible, como si Alejandra encarnara la idea de Descartes de que hay un yo enteramente diferente del cuerpo. A medida que crece y madura, ella desea intensamente perpetuarse como una adolescente.

Esta energía de Tierra apunta a lo material; sin embargo, Alejandra declara odiar lo utilitario, afirma que es como una inválida ante lo concreto. Que ella no era de este mundo, aunque sí lo era, de su sustancia vital, de la naturaleza de Tauro. Al abrir un símbolo, vemos que Tauro contiene miles de existencias sensuales y concretas, incluso a Balzac y a Alejandra. Como signo zodiacal perceptivo, es un gran disfrutador de la comida, pero cuando esta se sustancia, a veces se atraganta, fabrica masa corporal para contener otra de sus energías, como la de Aries ascendente, y ponerse en movimiento. Pero esto contradice su imagen detenida.

Tauro acumula, Alejandra también, deglute textos ajenos para hacer cuerpo y obra con esas otras palabras. Lo dice César Aira, Pizarnik, o Pozarnik, cuando relaciona el apellido en su forma original, que significa "copista", y María Negroni apunta: Alejandra legitima el plagio. ¿Come textos y los asimila? ¿A Lautréamont, a Sade? ¿A Penrose en *La Condesa Sangrienta*, libro que es verbalmente idéntico al suyo, aunque más rico y ambiguo? ¿A Beckett? ¿Plagio o intertextualidad?, se pregunta Patricia Venti. Es interesante discutir el plagio, no en términos legales, sino como procedimiento. ¿Se fagocita un texto al reescribirlo? Nadie escribe de la nada, pero Alejandra asimila a la manera taurina el cuerpo poetizado, como un instrumento que encarna el lenguaje, como un instrumento para corporizar lo que ella percibe desencajado.

El cuerpo siempre presente y contradicho, entre excesos de comida, alcohol y pastillas. Entonces, la taurina comienza a ingerir anfetaminas: quiere apurar su metabolismo. Así, la niña prodigio, como la llamarán, percibe su cuerpo desacomodado: un lastre. Vive en la ilusión de quebrar su naturaleza de Tauro. Esa "aberración" que siente que la desvía y que no ve en Balzac, tan taurino él, no es más que una parte del todo leída desde el miedo de la infancia.

Silvina Ocampo

Silvina Inocencia Ocampo Aguirre nació el 28 de julio de 1903 en la Ciudad de Buenos Aires, Argentina. No se conoce el horario de nacimiento, solo su fecha. Por eso conformamos el análisis con la posición de los planetas en los signos y sus aspectos entre ellos. El ascendente está colocado, en el dibujo del código natal, en la misma posición que el signo del Sol, para realizar esta operación se calcula el horario de nacimiento a las 06:30 a. m., horario del amanecer, sin que esto sume en la interpretación.

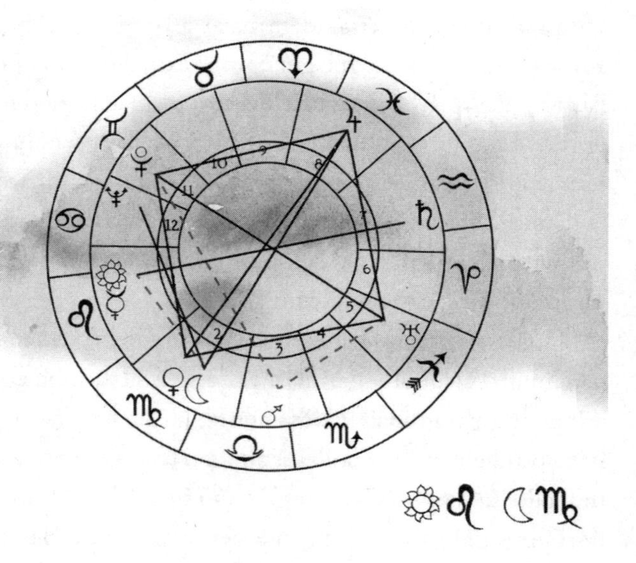

Sol en Leo de Silvina: ser o no ser de Leo

Signo de Fuego, centralidad, intuición, entusiasmo, reconocimiento. Quinto signo del Zodíaco. El brillo que se enciende con el aplauso. Individuación.

No sabemos a qué hora nació, por el exitoso trabajo de ocultamiento que hizo. Tampoco está disponible su partida de nacimiento (en cambio, sí es pública la de Victoria, su hermana mayor). Ni encontraremos en el panteón familiar del cementerio de la Recoleta nada que indique que allí están también sus restos. Aun así, su código natal habla.

Si lo natural de ser del signo de Leo es la sensación de ser única y ocupar un lugar que le es propio en la familia, y expresarse hasta brillar, Silvina tendrá que abrirse paso dentro del clan Ocampo, donde todo el prestigio ya tenía nombre: Victoria. "Victoria era enorme, dominante", dice Borges.

En una de sus autobiografías, *El archipiélago*, Victoria cuenta acerca de Villa Ocampo: "Empezó antes de mi nacimiento, en 1890. Mi padre fue el arquitecto de la casa y trazó el parque, grande en esa época. Casa y parque se encuentran en las barrancas de San Isidro. La propiedad pertenecía a una de mis tías abuelas, Francisca Ocampo de Ocampo, y solo en verano residía allí la familia. Esta familia se componía de mis tías abuelas (con quienes hemos vivido siempre), mis padres, mis hermanas (cinco), a medida que llegaban al mundo".

A partir de 1941, Victoria decidió instalarse definitivamente allí. Escribió en *La belle y sus enamorados*: "Mi casa no tiene más gloria que la de haber visto a hombres como éste (Albert Camus) sentados en un sillón de mimbre al sol; o junto a la chimenea con una taza de café en la mano".

Silvina nació en cuna aristocrática. Era la menor de seis hermanas: la mayor era justamente la emblemática Victoria. ¿Cómo conseguir un lugar propio? Lo natural para Silvina, del signo de Leo, sería buscar un lugar de centralidad, fabricarlo si es necesario, y con sus gestos conseguir la admiración que toda leonina siente que merece. Entonces, prueba entre los mendigos, los sirvientes, las planchadoras. Visita a aquellos que vivían en las dependencias de servicio.

> A mi familia le parecía muy mal que yo tuviera esas amistades. Tenían miedo de que me robaran algo, de que me contagiaran alguna enfermedad, de que me hicieran quién sabe qué cosa. Una vez, alguien de los míos me dijo: "No podés tener trato con esa gente. Así nunca vas a lograr que te respeten". Yo le respondí: "Yo no quiero que me respeten. Yo quiero que me quieran"; (...) Quise a varias niñeras antes que a mi madre.

Sin embargo, Silvina, aunque se oculta, genera un gran magnetismo. Fue una de las mujeres más ricas y extravagantes de la Argentina; y luego, aunque reconocida tardíamente, una de sus escritoras más talentosas. Pero antes, cuando era niña, pasaba la mayor parte del tiempo en el último piso, donde el personal de servicio orbitaba a su alrededor. "Ninguna de mis hermanas iba allí. En cambio, en las dependencias, yo era la mimada". Si Tauro se alimenta de la sustancia básica, Leo se nutre del reconocimiento. Silvina se refugia donde es reconocida como reina: en las dependencias. Es una reina buena, generosa entre los mendigos. Pero, no hay diferenciación en la búsqueda de pertenencia: eso no es ser de Leo.

Fue pintora antes que escritora, igual que Alejandra. Ambas con De Chirico como instructor, fundador de la Scuola Metafisica, y el artista que más influenció a los surrealistas en Europa.

A fines del 32, Silvina estaba otra vez en Buenos Aires, ya no muy convencida de su vocación. "Hasta que me di cuenta, al leerle a alguien mis textos, que conmovía. Ahí me lancé a una especie de dedicación". Conmover, tocar el corazón de las personas, es el momento radiante de Leo e irá en su búsqueda una y otra vez. El palmoteo del aplauso es admiración sin palabras, una vibración que resuena en los latidos de un corazón espléndido y le da vitalidad. Desea expresarse para resonar con los demás. Silvina se ilumina con esta vibración al leerle a alguien sus primeros relatos.

Se preguntan los críticos por qué ha usado tanto la autorreferencia: en el Zodíaco hay un momento evolutivo en el que es necesario diferenciarse de la tribu, del clan Ocampo, en este caso. Ser de Leo es ese instante que Jung (también de Leo) llamó "la individuación". Algo que se ha acariciado por demasiado tiempo. Y fue justamente el foco en el yo lo que trazó la frontera más sólida e ilusoria de todas las fronteras.

A la hora de la autorreferencialidad, Silvina dispone de un manojo de ejes literarios que la espejan, el uso de los espacios: las casas aristocráticas ("El corredor ancho del sol"); las dependencias ("Los funámbulos"); los jardines, el campo ("El remanso"); Europa ("El pasaporte perdido"). Las personas: sus seis hermanas ("La calle Sarandí"); las criadas, las planchadoras, las niñeras, los jardineros ("El retrato mal hecho"); las institutrices, las infancias ("El viaje olvidado"). Y los hechos: la muerte de su hermana Clara cuando Silvina era pequeña ("La calle Sarandí", "La siesta en el cedro"), las amistades femeninas ("Extraña visita").

Estos ejes son fuente de sentido para el género narrativo que construye desde la centralidad de Leo. También su Mercurio —aunque no hay uno propio, por más que esto desilusione a Leo— representado en la carta natal, codificado para ese instante de nacimiento; ese planeta, dios de la comunicación y la escritura, se encuentra en Leo.

En su novela de ciencia ficción *Los desposeídos*, Ursula K. Le Guin (Libra: soy en tanto el otro exista) recurre al uso de un lenguaje sin pronombres personales para resaltar una anarquía en donde los personajes se despojan de lo autorreferente para crear un mundo de apoyo mutuo. La autora busca el pasaje del yo al nosotros, mientras que Silvina utiliza más bien una marcada atención sobre sí misma, y responde a las exigencias y demandas lingüísticas que le presentan, como sucedió en *Autobiografía de Irene*, que delata la necesidad del aplauso. Escribir bien, construir bien. Para volverse otra.

Luego, el carácter distorsionado de su literatura, el uso de la ironía —que podremos explorar con más profundidad con su Luna en Virgo— no invalidan su insistencia en lo autobiográfico, tal como lo hace una persona de Leo, sino que le agregan nuevas formas de expresión, nuevas significaciones. Y aun el "volverse otra" en sus textos es siempre de matriz especular. Finalmente, por más extrañamiento que haya en su trabajo, no se aleja más "que unas pocas cuadras" de narrarse a sí misma. Así obtiene una conciencia lúcida desde donde controlar el relato, junto con estrategias para la vida toda.

Soles en tensión: Tierra y Fuego, ¿corporizar la letra o inflamarla?

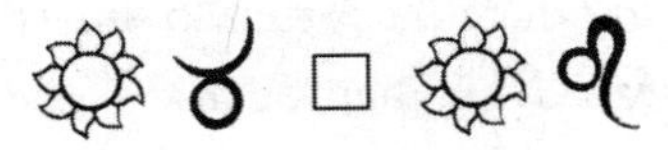

Soles en tensión[99] *en sinastría: Sol en Tauro de Alejandra en cuadratura al Sol en Leo de Silvina.*

99 En cuadratura: ángulo de noventa grados.

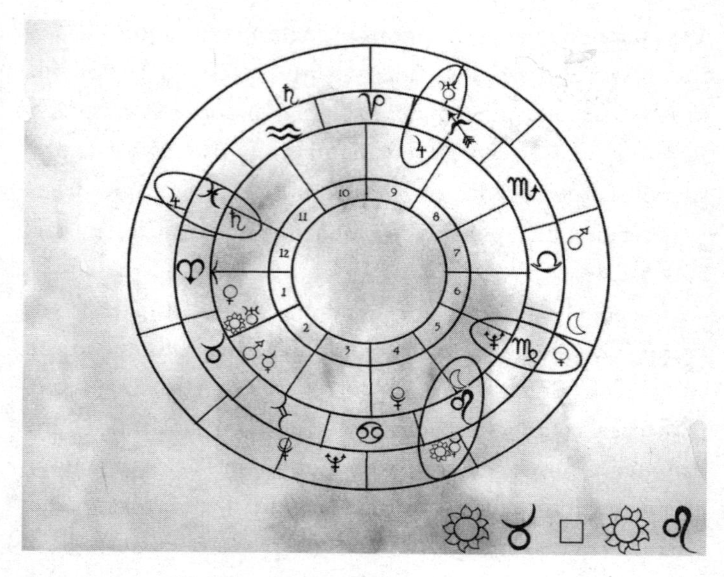

Carta interior: Alejandra. Carta exterior: Silvina.

El Sol en Tauro, de Tierra, en el código natal de Alejandra es una energía que sustancia lo básico, la comida, el *cuentenik* que provee con operaciones simples. El progreso del núcleo familiar es de puertas adentro y se mide en el progreso monetario. Avellaneda, territorio fabril de insumos, es el espacio de la infancia. Alejandra quiere corporizar lo universal en el poema.

El Sol en Fuego del código natal de Silvina implica una irradiación desde la centralidad. Villa Ocampo y Recoleta como territorios de élite. El dinero es algo en lo que no hay que pensar, está dado. Núcleo familiar de puertas afuera, un centro atractivo y destellante para la *intelligentsia* argentina. Es su propia fuente de sentido.

¿Qué las magnetiza?

Luna en Leo de Alejandra: la niña prodigio

Luna en Fuego. Flora mira a Alejandra desde su Luna en Leo. Su necesidad expresiva y de reconocimiento es el refugio emocional. La niña prodigio. La princesita.

Dicen que dijo, dijeron de ella…

> Cuando era una niñita (…) era bellísima y sonreía (…) me ponían en una silla y me hacían cantar. Yo cantaba.
> Ante sus protestas por su pelo rizado mi padre se ofrecía a darle cien cepilladas todos los días, dice Myriam. Elyas solo destacaba a Alejandra.
> Una chiquitita divertida y un poco gorda, despabilada (…), un poco actriz, en las reuniones familiares recitaba algún poema, y se convertía en el alma de la fiesta.

En una ficción futurista llamada “La verdad del hecho, la verdad del sentimiento”, del libro *Exhalación*, de Ted Chiang, la gente lleva ya treinta años grabando y almacenando los hechos de su vida en una “bitácora personal”. Se lanza un dispositivo llamado Remen que recupera el video de esa vida con solo nombrar una palabra de búsqueda, por ejemplo: “cantar”. En este caso, tendríamos a Alejandra cantando parada en una silla. Luego de ver que efectivamente cantaba en una fiesta, podemos confirmar que existió el hecho. Esa memoria perfecta es una memoria de hechos. Los motores de búsqueda son veloces. La amnesia infantil se extiende hasta los tres o cuatro años, pero ahora que los padres han grabado cada episodio de nuestra vida, podemos ver nuestro nacimiento. Con Remen podríamos recuperar el recuerdo con solo decir "cantar en una silla", y se terminaría la discusión con su hermana Myriam acerca de este recuerdo. Roy Pascal, estudioso de la autobiografía literaria, afirma que "por un lado está la verdad de los hechos, por otro la verdad de los sentimientos".

La gente está hecha de historias, y la Luna, en astrología, es un dispositivo Remen que guarda el encuentro entre los hechos y los sentimientos. Quien use el Remen astrológico encontrará el sentido de la memoria: más que los hechos, serán las relaciones las que tracen nuestra historia; por ejemplo, con el padre que la prefiere o con las miradas de su familia cuando canta. No la silla, ni el vestido que le habían puesto, aunque todo esto se reúna en el dispositivo Luna, que es el refugio emocional de la memoria. Alejandra cuenta que la madre nunca la acarició y que tenía hacia ella una mirada colérica, de desaprobación. Del padre, dice su hermana Myriam, que tenía una obvia preferencia por Alejandra; era más comprensivo con lo que llamaban "sus locuras". Sabemos que más adelante financiará la edición de su primer libro. Es la niña de sus ojos (Luna en Leo). Las compañeras del secundario la encontraban divertida, rara, era el centro de atención. Escuchaba a los baladistas franceses, como Édith Piaf, en su Winco. Cantaba sola e imaginaba "que se enloquecen conmigo y me aplaudían con delirio, en esos momentos me sentía la niña más bella del mundo". Así se fue gestando su sentimiento de excepcionalidad desde la huella de la infancia.

"La querían reducir a una especie de bibelot decorativo en la estantería de la literatura", dice Aira. "Alejandra tuvo legiones de admiradores, tuvo amantes que besaban el suelo que ella pisaba". Alejandra, la niña frágil, la hija del viento, la muñeca, etc. Todo parece confirmar que el lugar del aplauso es el lugar seguro, donde se va a sentir amada. Recrear esta sensación de ser especial, ser adorada (tan joven) sin darse tregua, es la garantía emocional que, por supuesto, preanuncia desaires y frustraciones, además de dramas vinculares por el malentendido entre afecto y adoración. Por momentos, se despliega con una seguridad arrolladora; en otros, se siente disminuida y rechazada. Alejandra es una niña prodigio. Así se planta ante Olga Orozco, a quien considera su madre literaria.

El mecanismo funciona en etapas: hoy busca ser elegida, ser especial para esa persona, pero mañana abrirá la puerta y un mínimo comentario, un gesto en la comisura de la boca, la empequeñece. La niña dolida criticará a quien la desaire, como hizo con Orozco para conservar su altura. "¿Quién es Olga? Alguien que no acepta una evidencia: que yo, Alejandrita —¿no parece un ángel?—, soy (o era no lo sé) mejor poeta que ella. Y no es que este juicio sea mío sino de los demás". Todo va a consumarse en esos minutos, porque, sin lograr éxito con el insulto, la rueda que la aplasta la lleva ahora a reclamar cariño. Exige flores y gloria para ella, pero lo hace con la voz de una niña.

Alejandra va a atraer a las grandes mentes de su época, pero se desploma si luego no le devuelven esa fascinación. César Aira detesta que la nombren con metáforas sentimentales: "la pequeña náufraga" o "la niña extraviada", como una cosificación para el consumo, un objeto decorativo. Como una Luna en Leo.

Si no logra ese efecto que brilla, se desconcierta, cree que su psiquis corre peligro. Necesita fijarse en un punto en el que se siente especial, aunque tenga que reducir su mundo. Es cierto que, en el orden de los talentos, esta Luna en Leo conlleva una gran capacidad auténtica para expresarse desde el corazón y contagiar su entusiasmo. Pero ¿cómo sostenerse fija en ese punto ante las oscilaciones de la vida y no caerse de la silla y romperse la crisma? Alejandra se infantiliza y separa a las personas cuando más las necesita.

Llegan el montgomery, las Parobes para adelgazar, el sánguche de mortadela en el bolsillo, los cigarrillos, el Winco y Jean-Paul Sartre. Cuando llama la atención, se calma; pero si se desubica ante los demás, pasa de la vergüenza a la soledad, y de ahí a irritar por la excesiva demanda de atención. Derrama derroches. También escritura; no hace falta aplaudir, ¿o sí?

Claro que sería mejor exponerse para ver el mecanismo, pero es muy duro, porque ese es el lugar más regresivo. Y ser sorprendida en el mecanismo lunar implica una "gran desnudez"[100], una intimidad que se devela. Se crea la marca dolorosa, infantil y sufriente. "Quiero adelgazar para ser más infantil", desea Alejandra. Las pastillas le resultaban cada vez más necesarias para explorar la noche y la escritura o convocar el sueño, siempre a riesgo de confundirse y agudizar, en lugar de apaciguar, la angustia que la empujaba a lanzar esos S.O.S. telefónicos a las cuatro de la mañana, los que, como recordaba

100 Javier Galarza, Leonardo Leibson y María Magdalena, ob. cit.

Enrique Pezzoni, podían llevar al borde del asesinato a quienes más la querían.

Ana Calabrese, amiga de Alejandra, considera en parte responsable de su muerte al mundo literario de la época, por fomentar y festejar el papel de *enfant terrible* que ella actuaba. Según Ana, ese ambiente fue el que no la dejó salir de su personaje, olvidándose de la persona que había detrás. Se trata del registro de la Luna que se resiste a madurar, a dejar de ser la Blímele niña y convertirse en Alejandra: tremenda escritora adulta.

El Plutón fundacional

Plutón: el dios mayor del inframundo. Potencia de regeneración. Ubicado en la casa 4: el hogar, el sentimiento de crianza.

Plutón pulsa experiencias de fusión y de transformación; en el código natal de Alejandra está ubicado en el Fondo del Cielo[101], que simboliza el ámbito de la crianza y viene a sumarse a la interpretación de la Luna. Es el dios del inframundo, el Hades de los griegos. El más temido en la mitología está incluido en su sistema, al igual que en todo código natal. Pero ella, Alejandra, tiene a ese dios que cuida el destino último de los muertos en el campo de experiencia del sentimiento de "acogida".

101 Casa 4, campo de experiencia familiar.

El dispositivo Remen (de la ficción futurista) no tiene el video de los hechos de esta información, aunque sea parte del código natal de Alejandra. Sean estos hechos o sentimientos —desde la perspectiva astrológica, esta vivisección adentroafuera tiene graves consecuencias en todo ser vivo—, en la carta de Alejandra esta información "plutoniana" se trasluce en las impresiones oníricas de que su madre la tortura. "Y ya que hablamos de corredores oscuros y agujeros volvamos al tema 'madre': a mi temor de volver por temor a su temor. A su venganza silenciosa". En su texto artístico, tanto como en su texto de autora, es un metalenguaje que entrelaza dos distintos dominios: Luna en Leo y Plutón se sostienen, sin embargo, en un diálogo que parece imposible. Signo, significado y lengua se reúnen.

> He reconocido mi naturaleza viciosa: necesito vivir ebria. Si no es de alcohol que sea de té, de café, de ácido fosfórico, de poesía. Ahora bien: necesito de todas las fuerzas del mundo para no hacer la hija pródiga, para no volver y llorar y prometer ser buena y pedir perdón por haber nacido.

"¿Qué mierda le pasaba a Pizarnik?", se interroga Fabián Casas. Una pregunta que podemos hacernos a medida que leemos sus diarios. Al reconstruir su vida a través de la información que se filtra, Casas deduce que Alejandra vivió demasiado tiempo con sus padres, aunque no los soportara, y "que encontraba en el sexo la posibilidad de salir de su soliloquio autodestructivo".

Ese "Yo que muerde", según anota en un momento dramático de megalomanía depresiva, continúa: "Sé que amo mi alma. Me amo a mí. Amo mi cuerpo y lo besaría todo porque es mío. Amo mi rostro tan desconocido y extraño. Amo mis ojos sorprendentes. Amo mis manos infantiles. Amo mi letra tan clara".

Alejandra hace una síntesis de "ser" de Tauro en su relación natural con el cuerpo; también la Luna en Leo toma la palabra con ese repentino amor por sí misma. Ese día parece convencida de que es ella "la única poeta que me gusta lo que escribe": esa afirmación anticipa el dolor ante el menor signo de rechazo, pero también exhibe ese vórtice turbulento que la arrasa, y desnudar su necesidad es el antídoto que la calma. El reverso de ese mismo mecanismo lunar, la cara luminosa, emite una metáfora distinta: "es posible vivir / si en la casa del corazón / arde un buen fuego". Esa intuición madura podría resignificar su Luna demandante y modificar su campo vincular. Recordemos que, según el mito, Plutón rapta a Venus, la diosa artística, y por temporadas la sumerge en la oscuridad, pero a la larga comprende que si no abre las puertas del inframundo para que salga en primavera, nada florece. Pero aún no sabemos cómo reprogramar el dispositivo Remen para que actualice ya no los hechos, sino la huella emocional desde donde ella lee los recuerdos. En el diario que cita Fabián Casas, "en prosa introspectiva y clonazepánica", la entrada finaliza: "En efecto, ayer fue mi pequeño y humilde día en que me di en holocausto a la sagrada sombra de la maldita madre".

Luna en Virgo de Silvina: "No quiero ser única ni distinta..."

Elemento: Tierra. Regente: Mercurio. Mental, detallista, austera. Predilección por los segundos planos. Refugio emocional acotado. Sobreadaptada.

> "No quiero ser única ni distinta, quiero desaparecer como desaparece una nube de colores brillantes cuando termina el día o se prepara para una tempestad que vencerá el mundo y examinará la cara de los hombres con indiferencia".
>
> Silvina Ocampo[102]

Si era la "etc." de la familia, la última de las hermanas de un clan aristocrático y nadie la notaba, Silvina no debía quejarse. Pero aun así necesitará un refugio, como cualquiera, para recrear un sentimiento de acogida. ¿Cómo ser de Leo? Tomando las palabras de Sylvia Molloy[103]:

> Silvina se asume a sí misma como única fuente de sentido, y su primer libro de cuentos, *Viaje olvidado*, es su infancia deformada y recreada por la memoria; *Invenciones del recuerdo*, su libro póstumo de 2006 es una autobiografía infantil.

102 "La nave", *Cornelia frente al espejo*.

103 Sylvia Molloy fue una escritora, editora y docente argentina. Fue una de las pioneras en tratar los temas de la cultura LGTB en sus trabajos literarios y en estudiar la autobiografía como género.

Es entonces que bajo las alas de la literatura se vuelca a lo autobiográfico y connota al signo de Leo. Sin embargo, en el comienzo del cuento "La muñeca", observa: "Todo el mundo dice: yo tal cosa, yo tal otra, salvo yo que preferiría no ser yo". Ese "no ser yo" fue para ella fuente de sufrimiento en su entorno distinguido, por no encontrar de manera natural el reconocimiento que creía merecer. ¿Cuál es su refugio "si no es quien es", si el espacio de "la reina" ya está ocupado por Victoria? Silvina se desdobla. Es de Leo, pero ¿cómo serlo? Hace un juego de distanciamiento: sus cuentos tienen algunos temas recurrentes como "el doble", la mirada sarcástica sobre la aristocracia a la cual ella misma pertenecía. Ser crítica es defenderse de un entorno que no le da el lugar preferencial imaginado por las expectativas de Leo.

Silvina extiende la mano hacia la cámara y tapa por completo su cara, escapando de Sara Facio, que la persigue para retratarla. Paradójicamente esa fotografía se volvió famosa ¿Qué leonina haría esto? Son decenas las fotos donde esconde su cara. Es que el texto propio y repetido del "yo soy así" se complejiza en ella, con sus energías en apariencia disonantes, casi como si fuera un acto de ironía cósmica: ser de Leo con la Luna en Virgo. Lo confortable, entonces, no será el salón principal de Villa Ocampo, serán los espacios acotados —a diferencia de alguien del signo solar de Virgo, que sabe cuál es su lugar en el sistema y que ese espacio es limitado, pero está cómodo con eso. Cuando se trata de la Luna, en cambio, como es el caso de Silvina, no lo hace en forma natural; replegarse en ese microespacio se vuelve una cuestión de supervivencia. Va a donde la quieren, como lo haría cualquiera.

No molestar a nadie, no hacer ruido, ni exhibir los miedos. Ser útil para que me quieran, que no se noten mis sentimientos, que no sobresalgan, porque son desprolijos y pueden ser el advenimiento de un caos donde quede descolocada, le dicta la Luna en Virgo en su expresión primaria. Dice Mariana Enriquez que, desde ese segundo plano —a la sombra de la enorme Victoria—, Silvina podía controlar todo. Eso la tranquilizaba. Más adelante, en su vida con Adolfo Bioy Casares, casi no saldrá de su casa, restringirá sus movimientos a ese ámbito que podía controlar.

Gran parte de su literatura proviene de esa afectivización. La focaliza en las temáticas de las empleadas que trabajaban en la casa, en las costureras, las planchadoras, etc. No suelta el foco desde su autoidentificación de Leo —centrada en sí misma—, pero recrea una y otra vez su refugio en las dependencias, en los segundos planos, desde la perspectiva organizacional de una casa como la de la familia Ocampo. Vemos cómo en la biosfera semántica de Silvina, los signos y los símbolos quedan limitados a las energías dominantes: la autorreferencia solar en la literatura, junto a la Luna crítica y restringida a ejes recurrentes generan el estilo que disfrutamos leer. Pero, a veces, la Luna tapa al Sol y opaca la personalidad adulta.

Silvina ha sentido esa resonancia de Leo, el corazón radiante que conmueve, y dice que cuando escribe es llevada por una fuerza muy superior. De manera que no escribe como Bioy, como Borges o como Victoria, pero escribe. Lo hace desde una mirada de la infancia de la mano de la opulencia de su mundo de ricos, aunque corrida a las dependencias. Desde su constructo ejerce una acción micropolítica cuando busca las contradicciones y las analiza. Ruega que nadie se salga de su casillero y se retrae cada vez más, evitando el contacto con sus pares. Una verdadera batalla interior.

El refugio de la estrechez

Existió una situación de drama y dolor que atravesó a la familia: la muerte de su hermana Clara, cinco años mayor que Silvina. "Acudí al último piso, donde se planchaba la ropa, y veía que todas las personas que estaban atareadas con los trabajos de lavar, de planchar, de limpiar, no lloraban, entonces me acurruqué ahí y no quería bajar".

Silvina veía allí personas útiles, y ella prefiere ser útil antes que protagonista. Empieza a sentirse temerosa e insegura. Se guarda las lágrimas. Todos los mecanismos lunares encuentran cómo eternizarse. "Pero toda mi vida escribí. Desde que era muy chica. Y escribía tanto que las institutrices que tuve, cuando les mostraba lo que había escrito, me decían: 'Pero no escribas tanto, che, que estás gastando todo el papel que hay en la casa'. Es una falta de economía, decían"[104].

A Victoria no le importaban esos comentarios, pero sí a la subjetividad de Silvina. Ese mecanismo de estrechez se va a replicar en la casa que lleva adelante: es conocido que llega a servir dos papas para tres cuando va Borges a comer. Quería ser útil y por no despilfarrar, vivían en una economía absurda.

104 Entrevista a Silvina Ocampo por Mempo Giardinelli en *Así se escribe un cuento*.

Por intermedio de Borges, a quien la unió una gran amistad, conoció a Bioy, once años menor que ella. Su belleza, según confesó en sus memorias, le resultó "una puñalada". "Algo había en él peor que su hermosura: sus ojos hundidos bajo unas cejas despeinadas por un viento invisible que revelaban su desamparo". Poco tiempo después, ese muchacho irresistible publicó *La invención de Morel*. La madre de Bioy, que había tenido un *affaire* con Silvina (dicen), le señaló al hijo que se casara con ella. Así fue cómo se unieron en el frío invierno de 1940, Silvina tenía treinta y siete años, él veintiséis.

"Mis ojos grotescos debajo de los anteojos oscuros" —critica Virgo—; pero, a su vez, esos típicos lentes oscuros con montura blanca de las hermanas —afirma Leo— son el sello Ocampo. "Mi boca se volvió obscena": a Silvina no le gustaba mostrarse en público con demasiada frecuencia y evitaba las reuniones masivas; solo con Borges y con Bioy, a quienes llamaba "sus dos debilidades", los dos del signo de Virgo, se sentía segura. Junto a ellos, precisamente, compiló la famosa *Antología de la literatura fantástica* y la siempre vigente *Antología poética argentina*. Aunque ella se atribuía secretamente la idea brillante, son Borges y Bioy —tiempos de hegemonía masculina— quienes se llevan el brillo. Pero ser útil y servicial, es parte del menú de recursos para obtener afecto con esta Luna. El sufrimiento se absorbe dentro. Aún en el desorden o el caos, son los pequeños rituales y restricciones donde refugiarse.

"A mí me encantan los detalles", dice Silvina. Lo muy amplio es caótico, la obsesionan las fallas, se sujeta a lo mínimo y a las correcciones para controlar el sistema desde el ordenador lunar. "Pero ocurre, en ocasiones, que me desvío, que me pierdo en ciertos detalles, porque me encantan los detalles. Y aunque sea totalmente distinto a la idea previa, si el detalle me parece que es atractivo lo pongo igual. Eso es importantísimo. A mí me encantan los detalles", dice Silvina en la entrevista con Mempo Giardinelli. "Mismo cuando tengo mis textos en las manos siento que eso no sirve, que está todo lleno de hojas, siento que no sirve porque es demasiado". Su secretaria cuenta que Silvina corregía con una letra minúscula y ella lo pasaba en limpio, y así seguían una y otra vez, por horas. Silvina descubrirá como talento, al igual que Borges, que lo pequeño depositado en las páginas las carga de sentido.

¡Victoria!

Cuando Silvina publicó *Viaje olvidado*, Victoria, desde su reinado —ya no en la casa familiar, sino en el espacio cultural—, vuelve a tomar por completo la subjetividad de Silvina, la menor, y emite un juicio negativo en la revista *Sur* (1937): tapa su Sol naciente en el mundo intelectual argentino. Está mal escrito, sentencia. "Se tiene la impresión de que los personajes son cosas y las cosas personajes, como en la infancia. Y todo eso está escrito en un lenguaje hablado, lleno de hallazgos que encantan y de desaciertos que molestan, lleno de imágenes felices —que parecen entonces naturales— y lleno de imágenes no logradas —que parecen entonces atacadas de tortícolis".

Silvina un poco se defiende conversando con Noemí Ulla: "Decía que era como si las frases hubieran tenido tortícolis, como posiciones falsas. No acepté eso porque me pareció que nuestro idioma era un idioma en formación, y que era natural que tuviera esas incompetencias". Pero luego parece darle la razón: "Cuando yo escribía *Viaje olvidado*, escribía de cualquier manera, tenía ciertos hallazgos en las frases, que aún hoy me gustan, pero que escandalizan, porque es una mala manera de escribir (...), frases muy retorcidas y la sintaxis más oral". "Las frases me salían incorrectas (...), quiero dejar atrás mi mala manera de hablar". Respecto del mismo libro, José Bianco publica una reseña en *El Hogar*, en la que destaca una fantasía que "en vez de alejarnos, nos aproxima a la realidad y nos interna en ese segundo plano que los años, la costumbre y los prejuicios parecían haber ocultado definitivamente a nuestros ojos". Era una experta en segundos planos, como Borges, como Virgo. Cuenta Jovita, su empleada doméstica, que Silvina no iba a ninguna reunión, a ninguna fiesta. Cuando los invitaban con Adolfito, ella decía que no iba porque iba a afearlo. Atrás está más segura: en los lugares de atrás.

La crítica literaria ignoró a Silvina hasta finales de los ochenta, también en parte por los convencionalismos sociales de la época y por las normas literarias establecidas.

Además de criticarla frente al mundo literario argentino, Victoria hiere a su hermana de la peor manera. Dicho por Silvina: "Cuando Victoria se casó, se llevó con ella a Fanni, mi niñera, la que me mimaba, me cuidaba". ¡Se llevó su Luna en Virgo! Todos sabían de esa relación de madre e hija entre ellas, pero nadie nunca le negó a Victoria ningún capricho. Silvina no se lo perdonó nunca. "¡No te lleves a mi niñera!", Silvina lo contaba con lágrimas en los ojos y ya tenía sesenta años.

Sol + Luna en Silvina: del desdoblamiento de Leo, nace la ironía

Lo que no puede ser expresado desde el primer plano, y no puede decirse desde el corazón (Leo), forma un rulo que vuelve sobre sí. Y como resultado se vuelca a la ironía, se reformula para expresar lo contrario a lo que observa o siente. Es la inhibición de la espontaneidad leonina por los miedos de la infancia. Guarda el dolor para sí, se vuelve una persona contenida y una narradora que apela al contraste, da la menor cantidad de señales posible; y se posiciona en esta disparidad entre lo que se espera y lo que realmente sucede. Parodia su origen, eleva lo cursi con fines literarios.

Dice Gómez de la Serna que los críticos se preguntan por qué Silvina ha usado tanto la autorreferencia. Es así como se manifiesta una leonina mediatizada en el arte, aunque recurre a la parodia comandada por su Luna en Virgo, resultando estos los principios de su narrativa:

> —Volviendo a la ironía, algún crítico ha dicho que en lo suyo hay crueldad. Yo no lo creo, pero es una manera de llamarlo. ¿Usted qué piensa?
> —¿La crueldad? Sí, me hicieron ese tipo de críticas. Pero creo que no, me parece que eso es falso. El mío es un mundo de paradojas, de alusiones.

La ambigüedad autopoética en Silvina implica una fuerte presencia del yo autoral disimulado en lo ficcional. Vemos el ocultamiento de Leo y a su vez la necesaria emergencia. Una identidad textual en los pliegues de su narrativa. Leo-Virgo: lo autorreferencial y el segundo plano en una posición de observadora a la que no se le escapa ningún detalle. Dispone de un ínfimo margen de maniobra en relación con la mujer, ya que observa y menciona; no denuncia. Ese juego del ocultamiento de la reina, a la vez que la necesidad de conmover, como tantas otras cuestiones, producen literatura.

En el cuento "El vestido de terciopelo" la protagonista reconoce que la agota probarse un vestido y que le gustaría que se lo probaran por ella. Con la herramienta de la ironía transmite una información de manera indirecta y algo juguetona, siempre entregando solapadamente una crítica, en este caso a la burguesía, a estereotipos sociales que se ven invertidos, ridiculizados y descritos de manera absurda. Los personajes y los conflictos se mueven en lo literario y en su autotexto (su identificación parcial en el código natal), lo hacen dentro de un reducido o escaso margen. Es lo que Mariana Enriquez, en *La hermana menor*, llama "la imaginación controlada".

En 1948, Silvina publica su segundo libro de cuentos, *Autobiografía de Irene*, que tiene un léxico culto, erudición de citas y referencias, influenciado por Borges y por los debates que se daban en la revista *Sur*. Silvina escuchaba las conversaciones de todos, siempre "detrás de una cortina", pero alerta. "Autobiografía de Irene" concentra las cualidades necesarias para convertirse en un relato representativo de los mandatos borgeanos. No sorprende entonces que sea uno de los pocos cuentos de Ocampo que Borges reconoce sin reservas. Los poemas de *Enumeración de la patria*, que a él le encantaban, son muy sobrios y rígidos. Dice la crítica que su poesía es muy diferente de sus cuentos, que parecen dictados por otra personalidad, la de una mujer controlada. Silvina era muy secreta con su escritura, además retenía antes de publicar. Cuando viajaba a Europa llevaba sus manuscritos en una valija para tenerlos bajo su vigilancia.

Su voluntad de no figurar, comandada por su Luna en Virgo, contrapone un disfraz que construye discursivamente. Silvina mezcla autora y narradora mientras infiltra momentos autobiográficos. Sin embargo, en el "El pasaporte perdido" —"No tengo que olvidarme; si pierdo este pasaporte ya nadie me reconocería, ni yo misma"—, siente temor de extraviar definitivamente la marca de su nacimiento: Leo. Dice Liliana Heker que Silvina ignoró fechas y definiciones y armó un dibujo ambiguo de sí misma, lo mismo sucede con los datos para configurar su carta natal.

Expulsada de la centralidad, queda el cinismo, una voluntad metaliteraria presente en la mirada de quien se esconde a observar con ese gran talento para el detalle que tiene la Luna en Virgo. En ese sentido, la parodia sujeta el lenguaje, pero se vuelve espejo de sí misma y conserva el poder de nombrar. Como en la "Casa de los relojes" o "La propiedad", la estética burlona le permite estar un poco más fuera de los textos. Molloy dice que es así como Silvina concibe la literatura, y así también como la controla. Toma la forma de una apariencia engañosa y la identidad se desvanece, pero nadie escapa de su nacimiento. Y es justamente la marca astrológica de Leo, su naturaleza de nacimiento. Será la presencia del dolor de la exclusión, y luego el miedo al dolor, lo que opaca su identidad solar. Cuando se perpetúa la infancia, la Luna eclipsa al Sol. Para responder la pregunta de los críticos acerca de cómo habitan la autorreferencialidad y la parodia en su literatura, recurrimos al diálogo entre Leo y Virgo: emula a Leo bajo el artificio de la escritura. Sin embargo, la literatura y la astrología —como lenguajes de complejas conexiones internas— no excluyen nada.

Si la figura del escritor se arremolina alrededor de una constelación de cuestiones imaginarias, ¿cuál es el lugar que piensa para sí en la literatura y en la sociedad? ¿Es tan singular torcer la voz propia en la escritura? Responde Italo Calvino, a quien Silvina conoció en París y que llegó a prologar y comentar muchas de sus obras:

> Los personajes de Silvina Ocampo callan con gusto (...) para confirmar el carácter de impostura de todo lo demás. Pero si la escritura aporta más sombra que luz, es justamente por la conciencia que ella tiene de que esta opacidad cumple con su misión reveladora. (...) hay un mundo femenino en el cual Silvina Ocampo se desenvuelve como en un laberinto de prisiones individuales que rodea y condiciona todo lo que parece simple y evidente en las relaciones humanas, prisiones que el egoísmo edifica alrededor de nosotros mismos.[105]

Se escribe en la resistencia al problema, postula Julia Muzzopappa al investigar la literatura de Silvina. A pesar del ocultamiento, del "problema" de ser de Leo, Silvina se vuelve

105 Italo Calvino, "Introducción", en Silvina Ocampo, *Cuentos completos I*.

una figura pública con más de veinte libros de 1937 a 1988. La narrativa ocampiana aborda la infancia, pero no como una colección de personajes de la niñez, sino como una etapa de la vida en la que ella se instala.

Agamben dice que la infancia no es solo una etapa de la vida, sino algo anterior al lenguaje. Las señales afectuales-cognitivas (la Luna) que Silvina recolecta aparecen en su discurso; y su rareza no está en las historias; raro es más bien lo que pasa en la lengua.

¿Cómo habla la Luna? Hay algo no dicho que asalta la infancia y es anterior al lenguaje articulado. Silvina escribía sobre algo que no tiene palabras, "algo que es del orden del afecto"[106], balbuceos. En su narrativa la infancia es el problema. En el *Viaje olvidado* lo dice todo; no madura, no hay procedimientos: es prelingüístico. Es previo a hacerse de su identidad de Leo, nunca alcanzada. Ese simulacro de sí misma[107]. *Cornelia frente al espejo* y *Viaje olvidado*, el primer libro y el último, se parecen. Lo que está en el medio es más bien la defensa literaria, su desdoblamiento y un diálogo con el canon.

¿Por qué alguien escribe ciencia ficción? Julio Verne, con su imaginario futurista, era de Acuario; también el "loco" Sarmiento, que refunda un Delta imaginario en *El Carapachay*, y Virginia Woolf, quien en *Orlando* deletrea un androginismo acuariano. Ese signo libera sus identidades en la infoesfera para quien quiera/pueda pescar esos destellos fuera del tiempo. ¿Por qué indagar en lo histórico? Cáncer sería la respuesta

106 Noemí Ulla, en Mariana Enriquez, *La hermana menor*.
107 Enrique Pezzoni, *ibidem*.

astrológica: su regente, la Luna, retiene la memoria situada, tal como Alice Munro en su escritura arraigada a un enfoque regional. La poesía es la sublimación de Piscis, y lo fantástico florece en la imaginación pisciana como le sucedió a Gabriel García Márquez con el realismo mágico (a los piscianos no les gusta la realidad). El dark, lo gótico tendrán matices escorpianos, aunque definitivamente es el terror a la propia oscuridad de los nacidos en este signo lo que subliman al generar horror sin daño en el lector. ¡Cómo atrae la literatura del yo a Leo, o a quienes tienen una posición solar destacada! Es posible que un geminiano elija un estilo periodístico, de comunicación rápida, articulada con las redes. El Zodíaco se manifiesta en estilos literarios, voces y experimentos mentales fronterizos, expresiones mistéricas del inconsciente, personal o colectivo y epocal.

Para que la estructura profunda del código natal se despliegue en la biosfera, habrá que observar el material sígnico de origen. Luego, en su singular ecosistema, el sujeto astrológico se articula en el arte, en la literatura, en el cosmos, en definitiva. Hay autores que pueden ir más allá de sus preferencias o sus rechazos, abrirse a estructuras cada vez más complejas que enlacen una inteligencia compartida que ya estaba allí, disponible para quien quiera abismarse, sin red. Y con sus energías desplegadas, tender un puente sensible con sus lectores, como una acción que conmueve, a diferencia de una acción moral que te dice qué hacer. Es una revolución minimalista, un poco errática, que predispone a ampliar la conciencia de sí.

En el espacio reducido de la casa y las tres o cuatro temáticas de su escritura, se dispara en Silvina la observadora crítica de cualquier señal que amenace su mundo controlado. Claro que la suya es una mente brillante, y puede dar una respuesta contenida y sensata a cualquier desborde —que Bioy traiga a sus amantes o a la hija de una de ellas, que llegue a planear viajes con mujeres delante de una Silvina ya enferma—, aunque eso signifique acomodarse en los pliegues de su escritura, a su habitación y, luego de su enfermedad, al silencio. No hay desborde para Silvina, no hay una transformación en su red vincular: hay escritura.

Si la ironía no es necesariamente para ella una instrumentación profesional, ¿qué misterio encierra la creatividad expresada en el arte? La sublimación es el pasaje de un estado a otro, en principio de uno más denso a uno más etéreo, como el gas en la física, y el posible destino de una pulsión en el psicoanálisis, pero ¿escribir es una maldición que salva?, como afirma Clarice Lispector.

Virgo nos lleva al mundo de la salud, el campo de la experiencia donde cada tanto se encienden los reflectores dentro del perímetro de la piel, y nos sentimos encerrados en el cuerpo; y dentro de sus límites se vuelve un campo de concentración del cual no es posible escapar, como en el confinamiento de la pandemia. Los antiguos perfilaban "humores" y regencias del cuerpo humano, las rodillas y la columna para Capricornio, y los pulmones para Géminis. Virgo es el campo extendido de la salud, a veces desde la hipocondría. Sin embargo, la atención que requiere el enfermo le da permiso para ser infante y reclamar cariño. Así como Virginia Woolf hizo de su enfermedad un estupefaciente. A veces, resulta una estrategia fallida. Silvina no le perdonará a Bioy que no sea él quien la cuide cuando comienza su alzhéimer, que ponga distancia en vez de afecto. Y ya no le volverá a hablar.

T CUADRADA: UN ACTO DE IRONÍA CÓSMICA

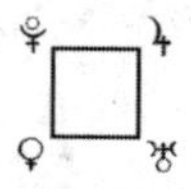

Plutón-Venus y la T cuadrada. T cuadrada conformada por Plutón, Venus, Urano y Júpiter.

Aunque el ocultamiento deliberado de datos nos impida el cálculo del ascendente, la ficción catalítica —aquella en que no encuentra su pasaporte (su identidad)— es portadora de sentido. El suceso del quiebre de la represa que contiene la infancia hacia un despliegue, que implica la asunción de otros elementos externalizados de la carta natal, aparece en *La furia*, publicado en 1959. Es posible rastrear ciertos signos multidimensionales en la narración, señalada por la crítica como la "voz" ocampiana. La tapa de la edición de Sudamericana tiene justamente la ilustración de un león con su melena, signo de representación de Leo. Ese fue el único libro que tuvo una reedición inmediata. Aunque la contención emocional —representada por su Luna en Virgo— no se haya quebrado de manera espectacular (no habría tolerado un caos desatado), el título (además del León emblema) proviene de las figuras míticas de las Erinias, que los romanos llamaron "las Furias". Hijas de Urano, antiguo dios del cielo, y Gea, la madre tierra. Son espíritus vengadores, hermanas que se rebelan ante el orden social, y son horribles, como las gorgonas. La protagonista de "La furia" tiene ojos de hiena y un aspecto repulsivo, con "el pelo como vello púbico". Silvina explica que ese personaje le recuerda a las figuras romanas. Las que viven en el inframundo de Plutón y cometen crímenes consanguíneos. Son metáforas alegóricas, elaboradas sobre los desplantes y las distintas instancias de acercamiento y enojo entre ella y Victoria, que se irritan mutuamente. A Victoria le asqueaba la austeridad en que vivía su hermana. Silvina, por su parte, se quejaba: "Ya sé que no soy importante para vos". Victoria, la "mandona y ególatra", según Bioy, que no la soportaba porque ofrecía amistad a cambio de acatamiento. Las Furias de los griegos castigan a los infantes que hayan infringido cualquier ley. Ya en "Cielo de claraboyas"[108] hay una niña que asiste al crimen de otra, y la fruición con que describe los rulos de sangre es retomada en cuentos enfurecidos como "El retrato mal hecho", donde una mucama comete un infanticidio para satisfacción de su patrona, que detesta a sus hijos.

La furia en Victoria parece haber aumentado cuando la pareja se llevó de luna de miel a su sobrina preferida. La adolescente ya era amante de Bioy y se dice que también de Silvina. El trío afectó mucho a Victoria, que se sintió ultrajada, aunque la bisexualidad era una moda entre la clase alta.

Las Furias se presentan en Silvina cuando espera que Bioy vuelva, sentada inmóvil en un sillón colocado ante la puerta de entrada del departamento que compartían. En el código natal desplegado en la biosfera, tanto en su texto propio como en la ficción de escritora, comienza a emerger un planeta en la sombra: es Plutón personificado en las Furias como figuras de la venganza. El libro es un compendio de celos, despecho y rabia, donde Silvina mezcla las casitas de azúcar, los voladitos, el

108 *Viaje olvidado*, *Cuentos completos*.

amor bestial y un erotismo negro. Y sangre. Pero es esa misma acumulación extraña la que se vuelve un rasgo fundamental de su literatura, más que los versos controlados que visitaban su Luna en Virgo de la infancia.

Ya analizamos el vínculo astrológico de Plutón y Venus (destacado en este código natal), la Perséfone secuestrada para el inframundo, pero también la llamativa negociación del dios más poderoso del panteón para que Venus salga cada seis meses y la primavera pueda existir. El dios mayor de los infiernos es justamente el más inteligente entre los titanes; capaz de comprender el equilibrio del sistema biosférico: no va a guardarse para sí esa belleza que ha extraído de la luz. La humanidad, en cambio, no lo ha entendido, vive en sociedades arcaicas de destrucción, acumulación y muerte. La belleza (Venus) de las relaciones permitiría una nueva primavera que conjurara esta única tendencia mortal.

En el código natal de Silvina existen dos figuras geométricas, dos triángulos, que unidos forman un cuadrado: T cuadrada.[109]. En cada ángulo están Plutón, Venus, Urano y Júpiter. Esta estructura de ángulos rectos es difícil de mover. La emergencia de uno de los planetas hace tambalear la T cuadrada completa. Es una turbulencia interna-externa, también una figura compleja que aporta riqueza. Como cuando Plutón del inframundo y Venus, la diosa de la primavera, dialogan, aunque sean una extraña pareja.

Urano, el dios del cielo, en uno de los ángulos, estimula su escritura algo dislocada. Venus, en otro de los ángulos, como

109 T cuadrada: conformada por dos triángulos ensamblados. Incluye "oposiciones": rectas de ciento ochenta grados entre planetas.

símbolo relacional y de la creación artística, está asediado por dos planetas transpersonales: Plutón y Urano, ambos cargados de información arquetípica. Además, participa Júpiter en Piscis adhiriendo un sentido mágico al pensamiento y cataliza a esos titanes produciendo un sentido desconcertante, también para ella. Sin embargo, por ahora son las Furias (Plutón) las que toman el mando. Así, mientras Silvina experimenta con las gorgonas y sus crímenes consanguíneos, la "voz" ocampiana nace, poética, extraña. Después de todo, las Furias son las diosas de la ira natural y la contracara del amor.

Pero a la vez a ese cuadrado lo atraviesa por el medio una línea de oposición (ciento ochenta grados), como una viga de concreto, son Saturno (Cronos) apuntando al Sol en Leo y Mercurio en Virgo. En este conjunto sígnico aparece el juicio (Saturno) de la hermana mayor acerca de su escritura dislocada y espontánea, y al mismo tiempo la posibilidad de superación sin la necesidad de acartonarse. La geometría de esta T cuadrada semeja una pared, donde Saturno proyectado en la crítica afecta a Silvina y empareda a Venus. Su autopercepción de fealdad y su arte como "el secreto mejor guardado de la literatura" persisten, aunque muchos años después fuera hallada detrás de la pared. Sin diálogo con las leyes naturales como insoslayable gravedad y su representación simbólica en Saturno, que perfila límites y contornos, olvidamos que hasta en las alas existen huesos que propician el vuelo.

A modo de síntesis: del Sol en Leo, la centralidad, corrido a las dependencias de servicio por la Luna en Virgo, surge la ironía; a la vez, una fina observación crítica que no confronta como para cambiar algo desde la política, sino abordando un género fantástico que rima con lo satírico. Siempre en el reducido margen temático de Virgo y la autorreferencialidad a la manera de Leo. El universo de lo transpersonal, ligado a la T cuadrada, irrumpe generando turbidez. El dislocamiento repliega a Silvina a su infancia, pero cuando esos planetas toman el mando transfiguran incluso las reglas de Saturno. Y en la alternancia y la complejidad surge la singularidad ocampiana en la literatura y en el mundo real, donde el texto sucede.

Sinastría: lunas en tensión por los elementos

La luna de Alejandra en Aries, en Fuego.
La luna de Silvina en Virgo, en Tierra.

Así como en el vínculo de Xul y Borges, las dos Lunas en Fuego propiciaron la comodidad afectual-cognitiva y el entusiasmo compartido, que fue la base para que el encuentro se prolongue, en la relación Silvina-Alejandra, sus Lunas en Tierra y en Fuego no lo facilitan. Más bien surge un erotismo incómodo en el que no pueden relajarse. En la sinastría, cuando las lunas se hallan en distintos elementos, las modalidades cotidianas echan chispas. Cada una recurre a distintos gestos de la infancia para sentirse en un ámbito de protección. Lo que propone una deja a la otra en la intemperie y viceversa. Si el confort de Silvina se resume en los segundos planos, el de Alejandra estará en el aplauso (el reconocimiento). Reaccionan a estímulos distintos. En la otra cara de sus lunas también se encuentran los talentos —aspectos madurativos de la huella de la infancia—, si se ofrendan a cambio de nada. Pero sus encuentros eróticos y burlones no parecen propiciar una calidez que alcance para replegarse juntas cuando la necesidad afectiva lo demande.

ASCENDENTE EN ARIES DE ALEJANDRA: EL ALARIDO

ASC ♈

Ascendente en Aries (Fuego), primer signo: riesgo, el impulso veloz, el deseo sexual, la fuerza del pensamiento. Regente: Marte, el dios de la guerra. El punto vernal es el punto Aries, el grado cero donde se inicia el Zodíaco.

Surrealismo: el presente puro de Aries

Alejandra entra a la poesía "en un solo instante de incandescencia", dijo Octavio Paz. Para Breton, el surrealismo es "un monólogo de emisión tan rápido como sea posible, sobre el que el espíritu crítico del sujeto no pueda abrir ningún juicio". ¿Por qué Pizarnik se liga a este movimiento, que tuvo su apogeo en 1938?

Cortázar lo probó en sus monólogos, y Octavio Paz, quien prologa un libro de Alejandra, dedicó al surrealismo varios ensayos esclarecedores. Ella se siente atraída por la idea de liberar las palabras y quiere experimentar el riesgo. Hablar del surrealismo es hablar del presente puro: según Breton, no hay que mirar la obra, porque eso es volverse en contra del presente absoluto; esas frases, a veces inconexas, son el *la* que afina la escala. Después habría que escribir el poema, continúa Breton. La frase sería el punto de partida, el punto vernal del poema.

Alejandra presume que los surrealistas extremos querían preservar la pureza en la brevedad. Y la escritura automática, en la práctica del "cadáver exquisito", es una prueba de este intento. Cuenta Pizarnik que cuando vivía en París se quedaba con los amigos haciendo cadáveres exquisitos hasta la madrugada.

Nadja era su libro favorito. La novela autobiográfica, escrita por André Breton en 1928, comienza con el encuentro inesperado entre el autor y una joven de dieciséis años llamada Nadja, que ejerce sobre él una particular fascinación. Ella no trabaja, escribe lo que "baja" en acto. Inspira al maestro, pero luego enloquece. "Pervive en lo escrito el fuego de su presencia". Todo había empezado con Lautréamont[110], un poeta montevideano que murió a los veinticuatro años. Es el mito original. Con solo una obra, *Los cantos de Maldoror*, fue considerado el padre del surrealismo. Era un ariano que, como dijo Bretón, "es la expresión de una revelación total que parece exceder las posibilidades humanas". O como él mismo dijo: "Mi poesía consistirá solo en atacar al hombre, esa bestia salvaje".

Esa experiencia de los surrealistas nos lleva al signo de Aries, el grado cero del Zodíaco, representado como un

110 Lucien Ducasse, conde de Lautréamont (Montevideo, 4 de abril de 1846-París, 24 de noviembre de 1870), llevó a extremos inéditos el culto romántico al mal. Autor de un único libro, *Los cantos de Maldoror*, que es lava líquida, algo insensato, negro y devorador. Murió en una celda para locos furiosos.

carnero sacrificado a Ares (Marte), el dios de la guerra, al que Zeus coloca en el cielo. Aries es el primero de los signos de Fuego: una metáfora de la liberación de energía aún amorfa, cuando todo nació de esa explosión inicial. ¿Por qué Alejandra afina con el surrealismo y no, por ejemplo, con el estructuralismo, regido por leyes y convenciones, o con el realismo histórico, tendencia literaria que dominaba los años cincuenta? El surrealismo —su práctica en la escritura— y el ascendente en Aries comulgan. Es la manifestación pura no-intervenida del instante y Alejandra tenía en su código natal el ascendente en Aries. Su devenir es como el de las leyes de la cosmología: luego del fuego inspiracional, el poema se sustancia. Si el *la* que propuso Breton es el punto vernal del poema, Aries es el punto vernal del Zodíaco. Se afirma que el fundamento de la escritura automática es la creencia de que la persona no habla porque piensa, sino que piensa porque habla. Y esta será una premisa para los arianos: primero hablan, después piensan. Todos los arianos registran que hablan de más o que se atropellan al hablar. Que, en definitiva, hablaron antes de pensar.

Alejandra era una adolescente procaz, y las peleas con la madre —a quien considera débil: "una plañidera"— eran continuas. El tirón de Aries, en su primera representación de Marte, su regente, expide energía primaria. Comenzó a fumar, usaba ropa varonil y era muy guaranga: "La ropa femenina es muy molesta. ¡Tan ceñida e incómoda! No hay libertad para moverse, para correr, para nada. Además, hay leyes para la velocidad del paso, (...) me miran con asombro o reproche (...), una loca o una extravagante". Cuenta la hermana que era muy pionera, que sorprendió a su familia (incapaz de imaginar lo que llegaría a ser), que se peleaba con la madre, que no se le conocían novios o novias. Que decía que estaba casada con la poesía. Leía a Sartre, devoraba unos enormes sándwiches y era una alumna brillante. Ya estaba hechizada por la literatura. No recuerda qué escribía en esa época, pero sí su deseo de sobresalir, de triunfar. En la escuela de periodismo, a la que asistirá luego de intentar en la Facultad de Filosofía y Letras, conoce a Juan-Jacobo Bajarlía, que funcionaba como un radar de vanguardismos. En un testimonio, Bajarlía dice: "Adoptó mi estudio como su propia casa. Aquí mateábamos y hablábamos de literatura. Mi estudio era como su cuartel general". Cuenta también sobre un gesto intempestivo de Alejandra, que hizo una valija y se apareció en su casa proponiéndole que se casaran. Él la hace entrar en el círculo de Orozco y la poesía de vanguardia. Allí se arroja, exagerando, llena de palabras nuevas, con sus ojos fascinados y un deseo tremendo de ingresar a la "la tierra más ajena", es un impulso que la atrae y atemoriza, que se presenta como el misterio de su ascendente en Aries.

Entonces, su ascendente será el signo que descoloca a la muñequita. Ese *la* ariano adentroafuera insistirá en aparecer como un enigma vital que podemos leer en la vida de Alejandra y de cada persona, resistido o abrazado, nunca sin dificultad. El ascendente, cuando surge de la boca de la sombra[111], es el signo de representación de eso que llamamos destino.

111 Lo que no es consciente, y no forma parte de la identificación.

Sol + ascendente de Alejandra: cierta animalidad

"roto marco centra este *todo*
de árbol castrado llorando
medir cada paso a lo largo
si no se perturba la luna (…)
si no se distorsiona lo negro
la música enrojece la ruta (...)
girar girar girar
percibir junto al marco roto (..)
querer agarrarlo *todo*
Alejandra Pizarnik[112]

Pero Alejandra es del signo solar de Tauro, de Tierra (sustancia), y nació a ese Fuego ascendente. Lo que podría ser un complemento la tensa, se debate entre el éxtasis inmediato de la experiencia surrealista (Aries) y la corrección del cuerpo del poema (Tauro). Lo expresa de manera poética: hacer el poema con su propio cuerpo. León Ostrov dice que Alejandra, cuando tenía dieciocho años, arrastraba los pies, hablaba con una voz grave y lenta en la que temblaban todos sus miedos. La velocidad que veíamos de Aries ascendente —arriesgar siguiendo el primer impulso, al modo surrealista— cuaja en el tiempo lento y gravitatorio del signo de Tauro. ¿Cómo influyen en ella estas complejidades en apariencia paradojales de un código natal, de una vida? Alejandra intenta adoptar una

112 "Seguiré", *La tierra más ajena* (1955).

actitud surrealista, pero se cuestiona: "Yo 'civilizo' mis poemas al detenerlos y congelarlos".

¿O tenía que renunciar a ser civilizada y a la lírica equilibrada, para así dar curso a la "desmesura indeciblemente dichosa"? Es ahí cuando Alejandra adopta una actitud surrealista: "la poesía como actividad del espíritu", la fusión de vida y poesía en términos de mito personal.

Podemos anotar en una lista cósmica de géneros literarios —de artistas que hacen sus vuelos entre el cielo y la tierra— al surrealismo como signo de representación de Aries. ¿Es ese tipo de intuición (una música, un género, un estilo pictórico) de algo que no conocemos pero que está vibrando de manera irreductible en nuestra vida?

El ascendente en Aries tiene como regente a Marte, el dios de la guerra, que blande una espada mientras avanza, y Alejandra avanza y publica muy joven. "Es como si la vida me apurara", dice. *La tierra más ajena* es un poemario sorprendentemente bueno, y no solo para una joven de diecinueve años. El segundo libro, *La última inocencia*, salió por Ediciones Poesía Buenos Aires; dedicado a León Ostrov, su título fue tomado de Rimbaud. Luego publicó *Las aventuras perdidas*.

Pero a veces este impulso ariano se agota y no es posible sostener el deseo en el tiempo. Tras cursar el bachillerato, y con grandes dudas, Alejandra ingresó en la Facultad de Filosofía y Letras, y después en la escuela de periodismo. También al taller del pintor Juan Batlle Planas, perteneciente al surrealismo. Dejó en todos los casos. El deseo sí era sostenible, ya que contaba con una energía de Tierra (Tauro). Pero cercenando el acceso emocional a lo que despreciaba —su cuerpo—, era imposible. "Sus poemas van más rápido que ella", analiza María Negroni. Y esta aparente disritmia lenta rápida es su paradoja perfecta. El surrealismo era sintonía para Alejandra, ya que es puro presente, como Aries. Hacia 1972, al final de su vida, ella misma reconocerá su "surrealismo innato". ¿Es eso reconocer la vibración energética de su ascendente?

También Aries se relaciona con la autonomía, lanzarse al mundo sola por el deseo de hacerlo. Hizo un primer simulacro de independencia en Villa Gesell, cuando era una adolescente, instada por Ostrov. Le escribe: "Estoy sola". Le cuenta que lee a Kafka, autor que tiene libertad de pensamiento e inhibición de actuar, mientras que a ella le sucede lo contrario: se asusta de sí. Dice que sería cobarde volver a casa y que ese viaje es de una temeridad gratuita. Teme que la violen o la asesinen. Tiene miedo de que el entorno se vuelva agresivo. Teme el viento feroz. "Tengo que ser valiente". "Me arreglo sola, vivo cosas de las que no me creía capaz". No solo buscaba experimentar su autoestima y aminorar la ansiedad; era una práctica poética para la reflexión sobre la subjetividad y los problemas internos. Alejandra estaba atravesada por el psicoanálisis. Y el tirón del ascendente en Aries, de ser independiente, se vuelve cada vez más un desafío.

> Partir
> en cuerpo y alma
> partir.
>
> Partir
> deshacerse de las miradas

piedras opresoras
que duermen en la garganta.

He de partir
no más inercia bajo el sol
no más sangre anonadada
no más formar fila para morir.

He de partir

Pero arremete, ¡viajera![113]

Cuatro años después, parte, arremete. Viaja a París con diecinueve años, buscando su autonomía. Al París de Nadja, donde Bretón encontró en sus ojos una mirada reconciliadora de opuestos: desesperada y brillante.

Los conflictos en el hogar prolongaban su adolescencia. En vista de todo eso, el padre no puso reparos: la mantuvo sin que trabajara, le pagó las clases de pintura, el psicoanálisis y, a la larga, con reticencias, el viaje a Europa. Alejandra anuncia: "Iré a París y me salvaré". Según la hermana, era muy chica para irse sola.

En ese viaje, de 1960 a 1964, llegó al París de Sartre y Simone de Beauvoir. Era una época de manifestación de los derechos de las mujeres. Se estaba gestando el 68. Tilda el casillero del trabajo por fuera de la escritura: traductora, oficinista y niñera a cambio de un cuarto, la Résidence Universitaire d'Antony, todas ocupaciones y domicilios fugaces. Desprecia

113 "La última inocencia", *La última inocencia* (1956).

lo utilitario. Deambula y tiene sexo, dice que lo que le impide reventar es el ardor entre los muslos. París es un espacio erótico, y arenero de juegos poéticos. Esta experiencia de autonomía se potencia al enlazar la energía de Aries con el deseo.

Le hizo un reportaje a Marguerite Duras, con quien le fue bien. No así con Simone de Beauvoir. Al conocerla en París, Ivonne Bordelois, una de sus biógrafas, la encontró maravillosa: alguien que cambiaba la temperatura del cuarto al entrar, tenía mucha lucidez y suscitaba cosas en el otro. Solo le interesaba hablar de literatura. Era muy sabia, releía mucho su trabajo y decía que rompía esos poemas horribles que había escrito.

Estuvo embarazada y abortó en París en el 63, donde aún era ilegal. Pero no sintió culpa, ya que imaginaba la maternidad como estar atrapada en un ascensor entre dos pisos. Allí actúa sola, decidida, no desvalida. Lee artículos feministas de Beauvoir, de Woolf, de Carrington, de Mistral. Se sacude el uniforme femenino, se calza el montgomery y usa el pelo corto. Es la primera poeta argentina que publica en francés. A pesar de que le mandaban plata desde Buenos Aires, pasa penurias, pero París era una aventura. Allí encuentra su estilo. Siente que su actividad mental se sucede en imágenes vertiginosas, palabras que se van en cuanto trata de agarrarlas: "Quiero desempeñarme sobre el papel y viajar en la hoja en blanco".

Ama la velocidad. En sus *Diarios* describe una carrera desenfrenada en motocicleta, en el 62, en Saint-Tropez. Le prestan una moto celeste y choca. El insomnio y el erotismo la mantienen activa; conoce a las mejores mentes de su generación y estudia a las precedentes. Suscita elogios y protectores prestigiosos. La gloria de estar en los sesenta en París. Se suma al comité de colaboradores extranjeros que convoca la revista *Les Lettres Nouvelles*. Conoce a Julio Cortázar y a Octavio Paz, que la consagra como poeta. Alejandra vive y escribe en la estela del surrealismo. Los dos últimos años lejos de casa, se felicita porque ha logrado mover ese cuerpo del que siente más que nada el peso, la gravitación (nunca una base de apoyo); aun así se sustancia: escribe el *Árbol de Diana*, que termina en 1961 y se publica en un sello de editorial Sur en 1962.

Alejandra es de Tauro y, en la práctica, es como una maga que posee el fuego de Aries y aprende a dar forma a la idea pura, pero es una amateur en estas cuestiones alquímicas de las transformaciones de las energías y se contradice: come, no come, vomita, y aun así su producción literaria de ese tiempo fue fructífera. Además de escribir varios ensayos, corrigió una serie de poemas que reunió en *Los trabajos y las noches*, obra que apareció en una edición lujosa a su vuelta a Buenos Aires. Contiene cuarenta y siete poemas breves, todos con título, agrupados en tres partes; la primera, con una veta romántica; la segunda, con tono infantil; la tercera, poemas sin tema fijo. En una entrevista que le hizo Martha Moia, Pizarnik dijo:

> Este libro me dio la felicidad de encontrar la libertad en la escritura. Fui libre, fui dueña de hacerme una forma como yo quería (...) y también debo decir que, al configurar los poemas, me configuré yo también y cambié. Tenía dentro de mí un ideal de poema y logré realizarlo.

"Fui dueña", escribe. Se hizo una forma (Tauro), una en la que reconocerse sin perder la libertad (Aries). Lo registra todo:

su vida y la obra literaria fueron para ella la misma cosa. Esta es una reunión de sus energías para traducir al lenguaje astrológico. Más "todo que parte", leído desde el sistema del código natal; distinta al texto propio que repite la niña.

Los trabajos y las noches, escrito en París, pero publicado en la Argentina, donde ganó premios. En las notas de su diario y en las cartas se lee que no tuvo una vida fácil en Europa. Muchas veces Alejandra se queja del poco dinero que posee: el envío de una carta la privará del almuerzo. Otras veces maldice el trabajo como mecanógrafa, que le quitaba las horas para escribir poemas como lugar de libertad absoluta. París es un gran campo de juegos poético-onírico-revolucionario, y Pizarnik quiere "vida de aventuras como la de los cuentos de niños". "Se fue de Buenos Aires como una nena y volvió medio *beatle*, con ropa extraña, el ombligo al aire, y acá no había llegado esa moda", dice Myriam. "¿De dónde salió ese bicho raro? Esta es mi hermana". Por aquella época, según señala Aira: "Esta situación de dependencia económica (la princesita de su padre) hizo asomar naturalmente un personaje, versión doméstica del que cultivaría cuando ya fuera una poeta consagrada". Pero la niña prodigio confunde afecto con adoración. Comienza a tomar anfetaminas para adelgazar. Entonces, si Aries es el verbo, el fuego del inicio, el momento de liberación amorfa de las palabras, la intuición sin filtro, la práctica surrealista, en definitiva, ¿Tauro es el opuesto de Aries? No, es el pasaje de la energía pura a la masa. En la explosión inicial (como el *big bang*) está implícita la inercia que deviene en masa, y que conserva dentro esa energía. Tauro es la atracción gravitatoria: necesita desacelerarse para ser mundo, cuerpo, persona. Sin embargo, Alejandra teme que el mundo material, que su propio cuerpo, la haga perder la inspiración tempranamente conseguida. Así se vuelve la llama de una vela que consume su cuerpo de cera.

Regresa a Buenos Aires respondiendo a la insistencia de sus familiares, que la reclaman por la enfermedad de su padre. Desde lo energético-simbólico, París hubiera sido una oportunidad para lograr la autonomía de ese padre para quien ella era única. "La muerte de mi padre hizo mi muerte más real" y junto con él pudo morir su autopercepción de niña dorada. Es un diálogo entre Saturno-paternar para madurar la demanda de su Luna en Leo. Sin embargo, la representación adentroafuera de Elías es la de Saturno en casa 12 en Piscis, es la de un padre difuso: todos los padres y ninguno. Está a punto de perderlo y de obtener como herencia simbólica de esta posición planetaria una sombra fantasmática que la ingresa con un link directo al inconsciente colectivo, donde están los padres que arruinan, los ausentes, y los que, como Elías, acompañan pero mueren tempranamente. En su Saturno arquetípico todas las leyes y los juicios se presentan. Los trabajos y las rutinas. También las estructuras que consolidan. Pero a Alejandra, aun echando mano a la poesía, no le será fácil encontrar su propia ley, aunque de alguna manera es experta inmemorial de todas las naturalezas sólidas: es de Tauro (la modalidad lenta de la sustancia) y eso no le gusta. Así, si ya nadie la sostiene, podría ser su propio Saturno y llevarse a sí misma de la mano al mundo. Era posible, para alguien con su ascendente, experimentar la autonomía y volver cada tanto a enchufar el cargador en la base. Aries funciona así: se lanza, se agota, recarga y sale de nuevo. "La perfecta articulación de soledad y compañía que, como una luz intermitente, necesitaba Alejandra para vivir", así retrata Cristina Piña la época parisina de Alejandra. Pero ya nada es igual luego de su retorno de Francia a la vida con su madre. Había aceptado volver, no sin antes asegurarse el pasaje de regreso a París (la animó saber que en Buenos Aires estaba su amiga Olga Orozco). El padre ha muerto, hay que recrear con urgencia los ojos de adoración que él tenía para ella. Todos los ojos.

Cuando llega empieza a cambiar, a las anfetaminas suma otros fármacos. La crítica no la acompaña: dice que lo que escribía antes era bueno y lo de ahora no. Son puñaladas a su autopercepción primaria (Luna en Leo), que funciona a base de la adoración. París fue su momento Aries, cuando vuelve olvida ese ejercicio de autonomía. Ya había intuido que su regreso sería catastrófico, que interrumpiría el lento crecimiento logrado. Dice Piña: "Sola o con amigos, en París, del 60 al 64 cruza una mirada cómplice con los bellos ojos azules de Georges Bataille, hace cadáveres exquisitos hasta el amanecer, se pierde en las galerías del Louvre o descubre la belleza imposible del unicornio en el museo del Cluny". El cuerno del unicornio es un emblema que la atrae y aumenta la frecuencia de sus visitas, un símbolo vital.

¿Cómo libera la energía a partir de su regreso? Empieza a acumularse al quedar atrapada; al resignar la autonomía surge la violencia, la agresividad, una crudeza incluso que empuja la fuerza contenida de Aries. Cierra la puerta abierta en Francia y se asfixia. Vuelve a leer su vida desde el hilo de la infancia, y desde el refugio de la Luna en Leo persigue una secuencia con su consecuencia: solo soy querida si soy adorada. Pero su padre ya no está allí para confirmarlo. Ella mira la puerta como si por allí fuera a entrar una vida que responda a su deseo. En la simultaneidad paradojal de Aries-Tauro, la energía se sustancia o la sustancia guarda viva la energía, que es lo mismo. Tauro-Aries es posible, como cualquier otra cosmogonía. Alejandra podía volver a casa cuantas veces fuera necesario —y no como un fracaso— para "cargar la batería" y luego independizarse de nuevo. Estas salidas y regresos son habituales en estos ascendentes. Así, las distintas energías se van asimilando y se acortan las distancias internas. Ante la mirada crítica (Leo), Alejandra se vuelve contra su cuerpo y lo castiga. Desconoce que podría soportar esta trepidación simultánea de energías —sobre todo con tanto psicoanálisis. Pero quebrar la dependencia emocional de la aprobación de los demás es tarea difícil, sobre todo en una sociedad egocentrista donde todo apunta a asfixiar las entidades psíquicas, con la exigencia estética y el exitismo. Finalmente, dice Aira: "esa exigencia separa el cuerpo de la creación, en vez de fundirse; y anticipa un final al estilo Lautréamont, quien es para ella y para los surrealistas el mito original". La intuición que postula hacer el cuerpo del poema con su cuerpo es el enunciado de la integración de sus energías: ir de la idea a la materialidad, y en la materialidad conservar el fuego encendido. "Pervive en lo escrito el fuego de su presencia". Pero volverse contra su propio cuerpo es volverse contra el poema, y va a interferir el despliegue de su carta natal como biosfera.

La Condesa Sangrienta

La escritora surrealista Valentine Penrose, que atribuye conciencia —animismo— a los objetos y defiende la rebelión de la luz a través de la poesía, la libertad y el amor, parece no preocuparse por el dictado del pensamiento o la brevedad cuando escribe *La Condesa Sangrienta* a inicios de los sesenta, dedicado a la condesa Erzsébet Báthory, aristócrata húngara a la que investigó a partir de escasos testimonios y biografías. Las actas del juicio dan fe de que la condesa practicaba la magia roja: usaba sangre humana para mantener su juventud, y su obsesión por la belleza la llevó a asesinar seiscientas cincuenta doncellas. El texto de Penrose se convierte en un éxito e impresiona a Pizarnik, que en 1966 lo usa como materia prima de su propia versión. *La Condesa Sangrienta* de Pizarnik apareció por primera vez en la revista mexicana *Diálogos*, y se publicó por fin en forma de libro en 1971, en la editorial argentina Aquarius. Con este trabajo, Alejandra ingresa en una zona de transgresión. Sin soltarse de la mano surrealista de Penrose, se adentra en el misterio del mal y, con más temor, en el reino de la prosa. Copiar la palabra de otros se convierte en una estrategia para protegerse. A su vez va a replicar dimensiones arcaicas que se asoman a su conciencia. Pero no se trata aún de su propio alarido (Aries). Es un procedimiento constructivo de violencia, que aparece de forma evidente y que se extenderá a los poemarios posteriores. La condesa de Penrose mantiene en todo momento un distanciamiento con el lector; en cambio, la pizarnikiana narra en presente, en el instante mismo de la acción (Aries), e involucra directamente al lector.

"El artículo de la condesa debería servirme, principalmente, para no desconfiar de mi prosa (...). Ojalá hubiera tomado nota del 'método' empleado"[114]. Hay una fractura de sentido

114 *Diarios*.

en Alejandra, otra vez se enciende el fuego de Aries e ingresa al texto propio, que se expande a un nuevo círculo de zonas desconocidas.

También señala María Negroni que la obra de Pizarnik responde a una estructura del deseo, el deseo es la energía destellante en Aries. El deseo es el impulsor de la acción, y Alejandra, atraída por la belleza convulsiva del personaje de la condesa, siente que alcanzó el "último fondo del desenfreno", y que la condesa es la prueba de que la libertad absoluta de la criatura humana es horrible. De pronto, Plutón, el planeta trepidante ubicado en su código natal en el Fondo del Cielo (casa 4), emerge volcánico, traccionado desde el ascendente en Aries —un catalizador simple de Plutón—, motorizado por el deseo y la acción. Ingresa por esa puerta exactamente así, con el sentido astrológico que da cuenta del símbolo que se abre y, de pronto, ya no es solo y tanto Plutón, ni la madre que la tortura y que le trae la memoria del holocausto (tan personal como transpersonal), sino "algo que arde en ella misma". Alejandra escribe una carta a María Eugenia Valentié:

> Solamente vos, en este país inadjetivable, comprobás, con notable facilidad y prodigiosa rapidez, que el personaje —esa Erzébet increíblemente siniestra— no es una sádica más sino alguien que pertenece a lo sacro: eso a que intentamos aludir mediante las palabras del sueño, las de la infancia, las de la muerte, las de la noche de los cuerpos. Solamente vos comprendiste (atendiste a) mi última frase ("la libertad absoluta... es terrible") que tanto escandalizó a los izquierdistas de salón que, para fortuna

> de ellos, nada saben de la falta absoluta de límites, sinónimo de locura, de muerte (y de la poesía, de la mística...). Nadie odia más que yo a la Báthory. Pero a la vez, Jenny, algo que arde en mí con un fuego bajo y sojuzgado sabe algo —acaso demasiado— acerca del "último fondo del desenfreno".

Esta crudeza del discurso, el aullido sexualizado, incluso la violencia, la fascinan y aterrorizan al mismo tiempo. También le asusta deslizarse por la prosa.

Los dos choques a alta velocidad que tuvo manejando una moto vuelven a su memoria. En cartas que dirige a diferentes personas con quienes no tiene mucha confianza, como una fechada en septiembre de 1972 a un futuro editor de su trabajo, Alejandra le oculta sus intentos de suicidio refiriéndose a ellos como "accidentes de autos" de los cuales se está reponiendo. Era su terminología para referirse a sus *crashes* mentales. J. G. Ballard, autor de *Crash*, novela de ciencia ficción, encontraba en los accidentes que se producen entre la carne y el metal iniciaciones, rupturas violentas con la realidad para despertar en shock a otra realidad. La condesa Báthory, relata Alejandra, también se regocija en el encuentro de la sangre con el metal. Había adquirido una autómata llamada la "Virgen de Hierro", una dama metálica del tamaño y color de la criatura humana.

> Con horribles sonidos mecánicos alza los brazos para que se cierren en perfecto abrazo sobre una muchacha. Ya nadie podrá desanudar el cuerpo vivo del cuerpo de hierro, ambos iguales en belleza. De pronto, los senos maquillados

> de la dama de hierro se abren y aparecen cinco puñales que atraviesan a su viviente compañera.[115]

Alejandra avanza hacia donde su deseo la atrae, y arriesga —aún contenida por la obra de otra— respecto de una tierra todavía más lejana que va a explorar. ¿Podrá avanzar corporizada para que un viento crítico no la derrumbe? ¿Redefinirá su agigantado registro de sí —la Luna en Leo— en favor de un despliegue de su conciencia hacia zonas desconocidas de su biosfera semiótica? ¿Se puede visitar a Plutón sin quedar atrapada en el infierno, como lo logra el arte (Venus)? Víctima y victimario se unen en el texto fascinado de Pizarnik. Este pasaje por el "último fondo del desenfreno" (Aries, con su regente Marte, acude con el metal de la espada, con la violencia, pero también con el deseo) coincide para ella en una estética del horror de un cuerpo atrapado en la "dama metálica".

En Ballard, los accidentes "iniciáticos" responden a una ruptura que provoca una asociación forzosa de elementos irreconciliables. Al igual que él, Pizarnik va a encontrar en la virgen de hierro una erótica de la sangre y el metal. La pornografía en un texto también inclasificable que excita los sentidos hasta alcanzar un momento "sacro". El libro de Ballard fue calificado de repulsivo por *The New York Times*; así juzgará también la crítica a los *Textos de Sombra,* de Pizarnik. Los *crashes* de Alejandra no dejan de ser una ruptura violenta con su realidad y la iniciación a otra posible. Recordemos que también Borges llevaba en la frente la marca de su *crash* metálico e iniciático. Yacía atrapado en su Luna en

115 "La Condesa Sangrienta", *Prosa completa*.

Aries —su madre intrusiva—, recuperándose del accidente con el filo hiriente de una ventana, cuando toma su puñal onírico (la espada de Marte) para dar lugar a un deseo emergente de escribir fantástico-ciencia ficción. Urano (planeta transpersonal) se hace presente en el caso de Borges con "Tlön, Uqbar, Orbis Tertius".

Finalmente, el ascendente en Aries echa luz sobre su agresividad y su autodeterminación, que ya eran evidentes en su adolescencia. Y sus *crashes*, generadores de un exhaustivo trabajo de la conciencia hacia lo transpersonal (Aries en franca asociación con Plutón), también la dejan en evidencia. No solo en la sublimación artística, sino como registro desenfrenado de haber roto la esclusa que separa el "yo" aniñado de la Luna en Leo, de lo externalizado, arrastrando consigo una masa de convicciones humanas, con consecuencias para el cuerpo y la psiquis. Esa indagación del *crash* que hace Ballard o de reconfiguración, al estilo de la lingüista de Chiang, para la comprensión de lo Otro, tiene para ella las resonancias metálicas de la guerra (Marte regente de Aries) y del misterio del mal, y produce que Alejandra resulte expulsada de sus mundos de pertenencia. Así, *La Condesa Sangrienta* podría ser el inicio más verdadero o el comienzo del fin, en sus propios términos. En esos castillos arcaicos —que están también en las novelas góticas, y son moradas negras y vacías— reina el Plutón simbólico, con Aries, el espadachín, guardando la puerta, listo para que ingrese Alejandra. Allí se escuchó un grito de deseo, un alarido. Podemos detenernos en este momento que ella nombra como "sacro"; un acoplamiento de su pensamiento a un nivel mayor de inteligencia, hacia otra libertad cognitiva que la aguarda sin juzgarla. Sin embargo, comienza a sentir que siempre va más arriba o más abajo, "que no da con el lugar" de niña prodigio de su tan exigente Luna. Tampoco su cuerpo maduro da con el lugar de niña.

Alejandra había ganado la beca Fulbright de escritores de la Universidad de Iowa, en Estados Unidos, y planeaba viajar a fines de septiembre del 72. En una carta a Antonio Beneyto[116], con quien proyectaba una antología que incluía a Silvina Ocampo, escribe: "te confío que gracias a un accidente de auto tuve que yacer cinco meses en un sanatorio. Por eso renuncié a la beca". Miente. La imposibilidad del viaje es una vía perdida hacia la autonomía, pero las acciones irrealizables también acumulan arte. Incluso, energía para futuras explosiones vitales. Aunque por ahora quedarse implique la dependencia de la madre y sumergirse cada vez más en ese castillo oscuro y vacío cuyos trucos ya ha explorado.

116 Editor de *La Condesa Sangrienta* en Aquarius.

"Pronto asistirás al animoso
encabritamiento del animal que eres"

Entre 1968 y 1971, Pizarnik publicó *El infierno musical* y *Extracción de la piedra de la locura*. En ambas obras late fuerte el surrealismo de Artaud, pero aún forman parte del depurado discurso de la poeta, en este caso forjado a base de prosas extensas —a diferencia de los textos breves típicos de *Árbol de Diana* y *Los trabajos y las noches* que mezclan imágenes y realizan asociaciones inconscientes. En la *Extracción de la piedra de la locura*, de 1968, el tono estridente y feroz de Aries es el alarido centinela que da la "voz" de alarma, que comunica los peligros de esta avanzada a otra etapa literaria. Pero Alejandra, que se sentía acorralada en Buenos Aires, continúa con su progresiva adicción a los fármacos. Entre quienes la conocieron entonces, alguien recordó su casa como "la farmacia" por el despliegue de psicofármacos, barbitúricos y anfetaminas que desbordaban de su botiquín. Continúan los *crashes*: los intentos de suicidarse y las internaciones psiquiátricas. Llegaron las pastillas para el sueño o la escritura, para agudizarse o confundirse. También los llamados nocturnos ante los cuales nadie encontraba una respuesta adecuada, ninguna posible, a la ofensa mortal de la princesa en caída.

Alejandra escribió "Sala 18" durante su estadía en el hospital Pirovano:

> Cuando pienso en laborterapia me arrancaría los ojos en una casa en ruinas y me los comería pensando en mis años de escritura continua,

15 o 20 horas escribiendo sin cesar, aguzada por el demonio de las analogías, tratando de configurar mi atroz materia verbal errante,
porque —oh viejo hermoso Sigmund Freud— la ciencia psicoanalítica se olvidó la llave en algún lado:
abrir se abre,
pero ¿cómo cerrar la herida?

(...)

El lenguaje
—yo no puedo más,
alma mía, pequeña inexistente,
decídete;
te las picás o te quedás,
pero no me toques así,
con pavura, con confusión,
o te vas o te las picás,
yo, por mi parte, no puedo más.[117]

Comienza a sentir que nada de lo que escribe le gusta a nadie. Que pierde amigos, amores, prestigio.

El error consiste en alimentar la esperanza de un día nuevo en el que escribiré cosas nuevas: objetos externos hechos objetivos, etc. O, tal vez, quiero dar un visado especial a mis textos raros. Puesto que son incomprensibles, que los

117 "Sala de psicopatología", *Textos de Sombra.*

salve, aunque sea la magia verbal. (...)

Mis poemas de ahora están muertos. Siento que nada vibra dentro de mí. Hay una herida y esto es todo[118] (firma: la Luna en Leo).

Desde 1969 en adelante, desarrolla una escritura experimental, toma riesgos a la manera ariana. Una voz en prosa que gira en torno a una temática sexual y es altamente transgresora. Publica su única obra teatral: *Los perturbados entre las lilas* o *Los poseídos entre las lilas*, copiando en parte *Fin de partida*, de Samuel Beckett y recurriendo una vez más a la estrategia de intertextualidad protectora. Allí, uno de los personajes enuncia: "La obscenidad no existe. Existe la herida". Ahora sabemos que por esa época comienza a escribir lo que ella misma llamará los *Textos de Sombra* y que compartirá con escritores cercanos a ella. Pero quedarán encerrados durante diez años. Incluyen ocho escritos hallados en los apartados de una carpeta, en una libreta y en hojitas sueltas, bajo las categorías "Sombra" o "Textos de Sombra", como "La bucanera de Pernambuco o Hilda la polígrafa". Algunos fechados en 1970 forman parte de la última etapa, aunque su edición será póstuma. Inicia un procedimiento de autoengendramiento de las palabras a partir de un juego desaforado y agotador. "Cómo han de poder mis gritos determinar una sintaxis". No hay contención, ni límite. En los primeros fragmentos de "La bucanera..." dice: "mi desasimiento de tu aprobamierda te hará leerme a todo vapor" y continúa: "Conocer el volcanvelorio de una lengua equivale

118 *Diarios.*

a ponerla en erección o, más exactamente, en erupción. La lengua revela lo que el corazón ignora, lo que el culo esconde". Alejandra ya no simula: ha suspendido sus juegos, que sí encantaban, pero esta aceptación visceral de su Plutón volcánico y las erecciones de su ascendente en Aries escandalizan. En una cultura estancada los acontecimientos imprevisibles no son bien recibidos, o no resultan como los había imaginado.

El derrumbe (e inicio) lingüístico

Los críticos se refieren a estos textos como "El estallido del dios gramática". María Negroni intenta verlos como un todo, pero también los denomina "estallido vulgar", da cuenta de la tonalidad siniestra en "La bucanera…", comenta que incluso le falta ferocidad y pulsión destructiva, pero sí encuentra una vulgaridad estridente y transgresora. "Aquí, y al margen de su relación central y ya señalada con la sexualidad, [el estilo] está marcado por cierta puerilidad, acorde con el manejo de elementos infantiles a los que recurre: muebles de niño, muñecas, juegos, juguetes, personajes montados en triciclos —pero eróticos—, referencias a maestras de primer grado"[119]. Todo esto dice la crítica de su vida textual, que se desarrolla en la existencia misma. Siempre que se atraviesa una frontera textual y personal, se sale con cierto atraso, con los temblores de la Luna infantil, desde una regresión poco elaborada. Se sale como se puede. ¿Qué pasa? Otro tipo de niña ocupa entonces el centro de la escena.

119 Cristina Piña, *Límites, diálogos, confrontaciones: leer a Pizarnik.*

Tiene en la mano un juguete sexual. "Qué hay de nuevo: que ahora la princesita coge", contesta Alejandra.

¿Cómo conviven textos tan disímiles?, se pregunta María Negroni. ¿Cuál es la relación entre *Las aventuras perdidas* y "La bucanera de Pernambuco o Hilda la polígrafa"? ¿O *El árbol de Diana* y *La Condesa Sangrienta*?, y se contesta: "Los textos bastardos son un aquelarre obsceno".

La obra pizarnikiana de esta época abunda en temáticas pornográficas al estilo del Marqués de Sade y Georges Bataille. En sus poemarios depura el lenguaje y evita la aparición de su herida, mientras que en la prosa el descontrol satura los textos. La poesía "púdica" intenta —como parodia o como una voz desesperada y trágica— recuperar su lugar. Alejandra dialoga con un lenguaje insolente que intenta acallar la voz poética. Sin embargo, desde la perspectiva astrológica no hay nada de contradictorio en esta tensión estilística. El lenguaje astrológico traduce la experiencia de conflicto a una trascendente. La verdadera pregunta no es tanto acerca de la "convivencia" de dos estilos, como de una mala relación diádica. Las fronteras son membranas y no muros. Alejandra puede salir de una fase escindente para acceder a otra en la que un lenguaje rizomático dé cuenta del acoplamiento de sus energías. Y así expresar sus nuevos experimentos mentales sin necesidad de asustarse. Pero los patrones de sentido que interactúan dentro de una convención no admiten estas convivencias múltiples. La tensión paradojal no es una catástrofe, es más bien una reconfiguración a partir del diálogo que se inaugura entre aspectos que ya conviven en nosotros. Es cierto que puede emerger la torpeza de lo nuevo, pero qué importa, si no se asusta, si no aborta, la experiencia madura. La inestabilidad produce revoluciones. Desde la óptica del descentramiento que sufre Alejandra en esos años, se está deslizando hacia nuevas conexiones adentroafuera. Son movimientos a menudo retorcidos y de múltiples vías hacia una libre circulación creativa —como sucede también en los movimientos históricos colectivos. El estallido monádico de la identificación sufriente de la Luna en Leo —que vuelve su mirada, desoyendo uno de los mandatos surrealistas, para detestar su cuerpo y corregir su cuerpo textual— parece no alcanzar a reconfigurar su sentir-pensar, por lo que se reduce el circuito al eterno retorno y pone en disputa sus propias energías. De adolescente, el ascendente en Aries se manifestaba en su actitud corporal, su ropa jugada, su grosería. También en decidirse a publicar tan joven: allí arriesga. Y en sus intentos de autonomía. Pero luego la tortuosa identificación de su psiquis con la Luna en Leo, con el preciosismo de la niña, cultiva una imagen. Junta los pedazos de la adoración que le profesan siendo tan joven. Ha comenzado el rechazo a su nueva prosa. A su cuerpo textual. Todo la retrae a ser la niña herida.

Serán los *Textos de Sombra*, justamente, los francotiradores que apuntan a la muñequita.

"Entonces, claro, es otra Alejandra. De pronto había que acomodar a aquella Alejandra que todos habíamos conocido. Hay un punto en el cual ella ha construido un tipo de poesía que es como que ella llama al lenguaje, 'la casa del lenguaje', es decir, su casa, y de pronto hay un punto en que lo rompe todo", señala María Negroni. En su carta natal Plutón está en la base del sistema, en el Fondo del Cielo, signado por la casa familiar y su derrumbe. Ese holocausto que visualiza en la madre es su propio código cifrado para destruirlo todo y luego reconfigurarse. Lo que desea aniquilar es su identificación lunar, la casa de la memoria de la infancia. En el poema "En esta noche en este mundo" escribe: "mi primera persona está herida / mi primera persona del singular".

La última pareja de Alejandra, Martha Moia, con quien convivió, tuvo que viajar al extranjero y eso significó dejar de verla, lo que aumentó su soledad y sentimiento de rechazo. Si la habían cosificado, o ella misma se había aferrado al calor de la admiración juvenil, como la niña náufraga, como la cajita preciosista, ¿qué podía hacer? ¿Salir disparando contra sí misma? Tenía que matar a la niña. ¿Era posible matar a la niña literaria y no a la autora? Alejandra deja el testimonio en los *Textos de Sombra* —que se revela póstumo— de haberlo hecho. ¿Por qué no vivirlo?

La Condesa Sangrienta, *Los poseídos entre lilas* y "La bucanera de Pernambuco o Hilda la polígrafa" forman el tríptico delictivo que mata a la niña. Lo grosero y obsceno son la transgresión de la identificación. Ese tono estridente y feroz de Aries, el encabritamiento, se vuelve un alarido. "Quiero trascender la miseria del lirismo", "Estoy hablando o, mejor dicho, estoy escribiendo con la voz. Es lo que tengo: la caligrafía de las sombras como herencia". En los jardines de sombra se abren las flores más raras.

Si el lenguaje fracasa en su promesa de salvación, se vuelve un lugar letal. Si lo califican como el derrumbe, ¿cómo soportarlo?

alejandra alejandra
debajo estoy yo
alejandra[120]

Debajo de Alejandra existían esos últimos textos ignorados por diez años como una zona que "debería" quedar en la sombra.

Cluny, el unicornio

Visitar la serie de tapices de *La dama y el unicornio* en la abadía de Cluny era casi el único paseo de Alejandra en Francia. El unicornio es una criatura mitológica representada como un caballo blanco con ojos de chivo y un cuerno en la frente. Es la transmutación de la cabra (o carnero) de Aries y se la llama "cabra unicornio". En la Edad Media significaba fuerza y estaba considerado como un animal fabuloso, capaz de derrotar animales más fuertes físicamente, incluso a elefantes. El ascendente en Aries tiene otros devenires franqueables por la conciencia, aunque difícilmente logremos abrir por completo la puerta a la totalidad biosférica y sus multidimensiones. Pero todo ascendente nos guiará a experiencias "sacras", como la que tuvo Alejandra en donde el texto expandido comienza a dialogar —de manera caótica, en interacciones múltiples y sin fronteras reconocibles—, y entonces algo más puede suceder. ¿Cómo liberar intuiciones potentes y nuevas al desprenderse

120 "Solo un nombre", *La última inocencia* (1956).

del manojo de palabras seguras? ¿Liberar viejas formas mentales para abrir nuevos caminos? Quien tiene este ascendente lo hará con la fuerza mental del animal mitológico, arriesgando temerariamente en la creación y el misterio del acto. Podría tomar esa energía para estimular a otros, dar talleres, ayudar a jóvenes poetas a abrir nuevos caminos.

Licencia para equivocarse

El surrealismo propone la fusión de la vida y la obra, pero prohíbe volver sobre lo escrito o pintado y corregirlo. Para hacer el presente y preservar su pureza hay que escapar de la evaluación, del juicio crítico. Este es el aspecto más difícil de la premisa del ascendente en Aries: la licencia para equivocarse. Quien lo intente se va a equivocar, en tanto desequilibra y equilibra la vida en movimiento perpetuo. Desde esta perspectiva ampliada no hay error, porque es la gozosa irreversibilidad del acto. Se trata de confiar en los sucesivos presentes del ascendente en Aries. Es lo vivo y deseante por excelencia: si se superan las inhibiciones, como le sucedió a Alejandra, lo primero que se libera es el relato de sí misma. Pero al detestar la presencia corporal, se fractura —postula amalgamar lo que rechaza, y al darse vuelta a mirar, se vuelve jueza y se sentencia. Alcanza a sentir qué es vida pura, acto. Llega también a contactar el riesgo en la certeza intuitiva. Reconoce en ella todos los holocaustos: una violencia mental que se manifiesta en esos textos que asoman y son encerrados por una década. Si los hubiera publicado a los cuarenta y seis años, alcanzada la madurez psíquica que no llegó a conocer, le hubiese puesto el cuerpo ya no a sus poemas sino a su prosa. O tal vez esa tendencia estilística se hubiera depurado hasta mezclarse con su habilidad poética, traficando en ellos energías potentes y momentos sacros. Esos últimos escritos literarios de Alejandra exhiben sus entrañas, a cambio de una escritura depurada y laboriosa, va hacia los retruécanos, homofonías, los escritos ácidos, violentos. El tono estridente y feroz de lo que llaman obra marginal, casi intolerable, una fiebre agresiva y soez, en definitiva, era una intención desenmascaradora. ¿Qué quería desenmascarar?

Nombrados por la crítica como hostiles, para la astrología es solo el despliegue de una energía que está en la sombra, externalizada de su carta natal. En *Textos de Sombra* el discurso estalla en una violencia prohibida para un texto canónico. Alejandra se apoya en la libre circulación textual, perpetrando robos multidireccionales al estallar toda frontera autoral. Busca en el océano de palabras, pero allí no hay garantías. ¿Totaliza en vez de derrumbarse? Su poética, asediada por las armas extremistas de la pureza, cerca a un "yo" lunar que queda siempre a expensas del desborde. Trata de liberar a la prisionera. Pero desea fusionar el cuerpo del poema con su cuerpo sin confiar en ese cuerpo. Finalmente, es la herida narcisista provocada por el espejo montado por la Luna en Leo la que la derrumba, y no los textos que nacieron de su sombra. Alejandra intenta una transmigración de su fuerza mental, del cuerno que sale del centro de su cabeza, su intuición la guía y su pensamiento tiene la fortaleza del unicornio. Como todo acto ariano, es nuevo, no encuentra rasgos reconocibles de su pasado, por eso es que Aries se equivoca siempre, cada vez nace al mundo. No hay error, entonces: hay libertad de crear. Primero se expresa con una agresividad cruda, con violencia mental incluso, pero en el viaje puede descubrir el enigma de la creación en acto que tanto atrajo al surrealismo. Hay un momento de la vida del ascendente en Aries en que sentirá que no puede contar con nadie, que tiene que manifestar su deseo y hacerse cargo de las consecuencias sin que otros la respalden. Arriesgarse. Largarse por su cuenta. El ascendente en Aries se tropieza muchas veces, pero un tropiezo no es caída como para detenerse. Hacia el 68, Pizarnik se va a vivir sola a un departamento que le compra la madre, pero esto será vivido dolorosamente, como soledad y abandono. "Estoy en un mundo sin recursos, sin apoyo, me hundo". Entre sus amigos más íntimos hubo quienes llegaron a no soportarla más por sus demandas abusivas, caprichosas y arbitrarias, como toda Luna en Leo desairada. Alejandra anota que no aguanta dejar de ser joven o niña.

Ese encabritamiento al que se refiere Pizarnik es un ser salvaje, sexual, imposible de domesticar. La fuerza del pensamiento y la idea como impulsora y generadora de una cadena de consecuencias alteran el orden al liberar intuiciones potentes y nuevas. Sobreviene el caos al desprenderse del manojo de palabras seguras. Pero el gran poder mental representado por el cuerno la podría haber dotado de una fuerza suficiente para derrotar la idea de la muerte. Plena de certezas tajantes como mil espadas. Arriesgar temerariamente en la creación y el misterio del acto, como hacían los surrealistas, implica tolerar el error. Todo riesgo estilístico implica una fase experimental, que puede madurar hacia un género cuando su fuerza gravitacional acumula suficiente masa para estabilizar lo nuevo. De la incandescencia a la sustancia del poema. El surrealismo fue una víspera creativa que no alcanzó la libertad de equivocarse.

Alejandra ya no confía en estos nuevos presentes, en lo vivo y deseante sin inhibiciones. Más bien siente que con el "súbito desbandarse de las niñas que fui" o el caer de la imagen de sí "caen niñas de papel de variados colores. ¿Hablan los colores? ¿Hablan las imágenes de papel? Solamente hablan las doradas y de ésas no hay ninguna por aquí". Ya nada queda de sí.

Surge todo ese caudal de violencia no sublimado en las agresiones que Pizarnik inflige a sus últimos vecinos, que la obsesionan con su continua "fornicación" ruidosa. Sexualidad y agresión como expresión distorsionada pero auténtica de la energía de Aries. Les rompe la puerta golpeándola con una plancha de metal y arremete otra noche con un martillo. "Fornicaron o fingieron fornicar", dice como causa y sentido suficiente ante la acusación de los vecinos del octavo, que acuden con la policía. Luego llegaron los hermosos aullidos y la libertad eléctrica de Janis Joplin, a quien le dedicó un poema. La escuchaba una y otra vez desgarrar su voz en "Kozmic Blues": "Amigos que se alejan / Sigo avanzando / pero nunca supe por qué". Eran dos niñas monstruo, y podía olvidar por un tiempo a aquellos habitantes de su edificio que fornicaban durante siete horas al mismo ritmo de su tecleo, excitados a la par con su creación.

Antonio Beneyto se hizo cargo de Alejandra, que a esa altura era como una niña de tres años. La encuentra cubierta por todos los libros de su biblioteca y unos cartones. A pesar de la gran cantidad de pastillas que se tomó, esa vez se salva.

> Entre otras cosas, escribo para que no suceda lo que temo; para que lo que me hiere no sea; para alejar al Malo (cf. Kafka). Se ha dicho que el poeta es el gran terapeuta. En este sentido, el quehacer poético implicaría exorcizar, conjurar y, además, "reparar". Escribir un poema es reparar la herida fundamental, la desgarradura. Porque todos estamos heridos.[121]

Quiso alejar al Malo de Kafka y que la poesía subvierta su final.

121 Entrevista de Martha Isabel Moia, publicada en *El deseo de la palabra*.

> La poesía es el lugar donde todo sucede. A semejanza del amor, del humor, del suicidio y de todo acto profundamente subversivo, la poesía se desentiende de lo que no es su libertad o su verdad.[122]

El 25 de septiembre de 1972, a los treinta y seis años, la sobredosis de cincuenta pastillas de Seconal sódico termina con su vida. Janis Joplin había muerto dos años antes, a los veintisiete. En un pizarrón se encontraron sus últimos versos:

> no quiero ir
> nada más
> que hasta el fondo

122 "Prólogos a la *Antología consultada de la joven poesía argentina*", *Prosa completa*.

Sinastría y algo más

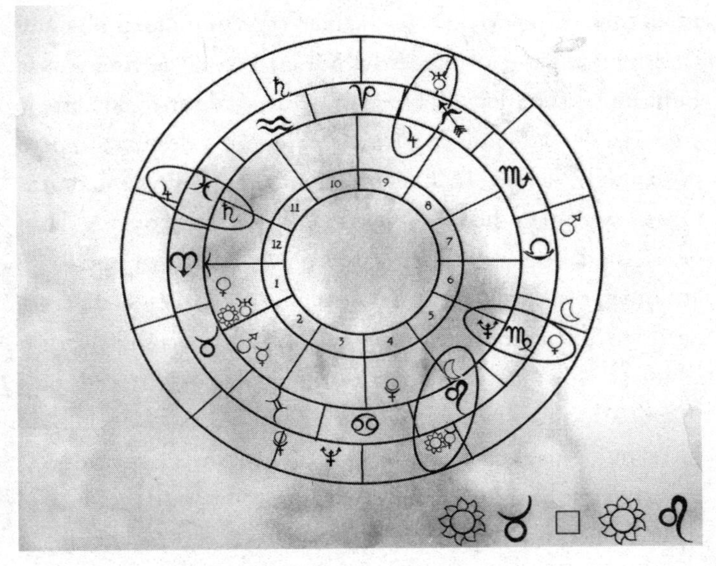

"La noche, de nuevo la noche, la magistral sapiencia de lo oscuro, el cálido roce de la muerte, un instante de éxtasis para mí, heredera de todo jardín prohibido. Pasos y voces del lado sombrío del jardín. Risas en el interior de las paredes. No vayas a creer que están vivos. No vayas a creer que no están vivos. En cualquier momento la fisura en la pared y el súbito desbandarse de las niñas que fui".[123]

Alejandra Pizarnik

123 "El deseo de la palabra", *El infierno musical* (1971).

"En tu jardín secreto hay mercenarias
dulzuras, ávidas proclamaciones,
crueldades con sutiles corazones,
hay ladrones, sirenas legendarias".

Silvina Ocampo

En la zona del signo de Leo —si bien estas luminarias no están en conjunción—, coinciden el Sol en Leo de Silvina con la Luna en Leo de Alejandra iniciando fuegos de artificio entre la emoción demandante de Alejandra y el brillo desplazado pero evidente de Silvina. También existe una tensión (en cuadratura) entre el Sol en Leo de Fuego de Silvina con el Sol en Tauro de Tierra de Alejandra, este aspecto no extiende un campo de armonía entre sus identidades en signos fijos, de las cuales les resultará difícil moverse. La centralidad difusa y la sofisticación leonina de Silvina, vistas desde la argumentación obcecada taurina de Alejandra y su ascendente ariano desatado, además de su Luna herida, aumentan la ficción entre sus singularidades. Sin embargo, esta misma tensión de los soles podría traducirse en crecimiento y maduración personal. Las dos tienen en sus códigos natales intensas cuadraturas Plutón-Venus que se exaltan en el encuentro y prometen transformaciones.

María Moreno cuenta sobre Silvina Ocampo:

> La entrevisté: me enamoré de ella. En esa época, la exageración y las relaciones prohibidas eran bien vistas. La entrevista duró cinco meses. Ella no cesaba de corregirla; yo, de ir a su casa con cualquier pretexto. Me le declaré. Me preguntó qué quería decir exactamente o, mejor dicho,

exactamente qué quería hacer. Yo no tenía idea. Ella sonrió y dijo: "Sufro del corazón". "Yo soy más linda que Alejandra Pizarnik", le contesté y me fui dando un portazo.

Dominios ilícitos

La revista *Sur* fue un proyecto ocampiano nacido del impulso del norteamericano Waldo Frank y de Eduardo Mallea. Lo que Victoria, del signo de Aries, interpretó que vieron en ella, más que su insuficiente formación autodidacta, era su cualidad de "mula" (cambia el chivo por la mula), el animal emblema de perseverancia y resistencia. El Conde de Keyserling, un filósofo que se interesaba en América del Sur, al que le publicaron sus pensamientos acerca de una argentina "irradiante y ciega", en la revista del año 31, le escribió a Victoria desde Darmstadt: "Sí. Lo recuerdo ahora. Creo que usted nació de tarde. Un siete de abril. Por mis cálculos es usted de Aries y Capricornio. Un tesón de primera". Acierta en Aries, pero no en su ascendente, que es Leo.

Fue a través de *Sur* que Alejandra y Silvina se conocieron. Alejandra había escrito un artículo titulado "Dominios ilícitos" (1967) sobre *El pecado mortal*, la antología de cuentos de Silvina. Publicar en *Sur* era ubicarse en la centralidad. Pero Alejandra jugaba con sus amigos a generar matices verbales y fragmentar palabras, hasta convertir los ilustres nombres que formaban el consejo de redacción de *Sur* en un discurso cargado de desopilante obscenidad. Comienzan las cartas, los llamados telefónicos y las visitas. Ambas se fascinan, y Alejandra se enamora. Silvina estuvo presente casi hasta los últimos días de su vida. El 18 de junio del 72, un domingo, Alejandra anota en su diario:

> Visita a Silvina. Adorable, inalcanzable. La toqué y la besé demasiado. Sin duda la asusté. Estuvo muy cordial pero, por sup., ni asomos de enamoramiento. Parecía sentir mi sufrimiento.

Algo del refinamiento también la enciende: viaja desde su departamento en Once hasta la calle Posadas, en Recoleta, para visitarla. Alejandra con su montgomery, Silvina con sus piernas largas y bandejas principescas de masas. Ganarse su amor parece cosa de vida o muerte. Le dedica poemas, como "A un poema acerca del agua, de Silvina Ocampo" o el texto "Helioglobo", incluido en "La bucanera de Pernambuco o Hilda la polígrafa". Alejandra está deslumbrada y cree que una mirada de Silvina podría devolverle su autoadoración perdida. La diferencia de edad importa. Para Silvina, treinta y tres años mayor, Alejandra era una niña de la que tenía que ganarse su amor para restituir su lugar solar.

En 1970, con Antonio Beneyto, Alejandra tiene planes que incluyen a Silvina. La describe en una carta, mencionando que son "poquitos los que la nombran", que es hermana de Victoria (le aclara que son antípodas) y la mujer del gran Adolfo Bioy Casares. También que escribe textos cortos. Le propone una selección de diez cuentos. Aunque Silvina suele negarse a estos proyectos editoriales, esa vez dice que sí, que por qué no. Alejandra le confiesa, en una maniobra de encantamiento, que será ella, y no Antonio, quien seleccionará los cuentos. Completa la carta a Antonio diciéndole que Silvina confía plenamente en ella, y le pide al editor que no lo niegue cuando Silvina se contacte con él. Pero todo se complica.

El año 71 encuentra a Alejandra en el hospital, recuperándose de uno de sus supuestos *crashes* automovilísticos. Le escribe otra carta a Antonio:

> Por favor, el libro de Silvina Ocampo hazlo tú mismo. ¿Quieres que te envíe el último, *Los días de la noche*? Yo no estoy en estado propicio para semejante tarea. Puedo mandarte, por si te sirve de algo, una nota que escribí hace dos años sobre Silvina. En cuanto a ella (S), no hay problema alguno en cuanto a la publicación de la antología de sus cuentos por La Esquina. Al contrario, la está esperando ansiosa.

"Del asunto Silvina no puedo ocuparme ahora de nada, ni de mí. Escríbele a ella. Prométele una fecha de publicación pronta, le gustará"[124]. Pero llega 1972 y ya nada se menciona de la antología con cuentos de Silvina.

Alejandra oscila entre sentirse nada o sentirse por encima de todas. Primero, busca ser elegida para recrear la Luna (Leo), ser especial para la persona que la elige, aunque cualquier desaire le resulta doloroso y la lleva a compararse, como hizo con la poeta Olga Orozco. A la vez es un talento su evidente capacidad expresiva de conmover. Sin embargo,

124 En una carta a Antonio Beneyto.

la imposibilidad de quebrar la dependencia emocional de la aprobación le impide ser autónoma, como sí está inscrito en el código de Aries: seguir tomando riesgos literarios munida de la inmensa fuerza mental del unicornio y además, sí, por qué no, con licencia para equivocarse. Entonces, provoca enormes dramas vinculares por el malentendido entre el afecto y la adoración. También con Silvina.

> B. A. 31/1/72
>
> Ma très chère,
>
> tristísimo día en que te telefoneé para no escuchar sino voces espúreas, indignas, originarias de criaturas que los hacedores de golems hacían frente a los espejos (cf. von Arnim). Pero vos, mi amor, no me desmemories. Vos sabés cuánto y sobre todo *sufro*. Acaso las dos sepamos que te estoy buscando. Sea como fuere, aquí hay un bosque musical para dos niñas fieles: S. y A.
>
> Escribime, la muy querida. Necesito de la bella certidumbre de *tu estar aquí, ici-bas pourtant.*
>
> (…)
>
> Sylvette, no es una calentura, es un reconocimiento infinito de que sos maravillosa, genial y adorable. Haceme un lugarcito en vos, no te molestaré. Pero te quiero, oh no imaginás cómo me estremezco al recordar tus manos (que jamás te volveré a tocar si no te complace puesto que ya ves que lo sexual es un "tercero" por añadidura)[125].

125 Ivonne Bordelois y Cristina Piña (eds.), *Nueva correspondencia Pizarnik.*

Silvina era del signo de Leo, pero Leo fue más bien una posición anhelada, que reprimió a expensas de sentirse querida ocupando un segundo lugar. La Luna había tapado el Sol radiante, cuando ya cerca de sus setenta años aparece una joven poeta que la restaura ("sos maravillosa, genial y adorable") en su lugar de reina. No hay segundo lugar en esa mirada pasional.

Las zonas de imantación de ambas escritoras son la infancia, la muerte, el erotismo. En su artículo los "Dominios ilícitos", Alejandra resalta aspectos que las interrelacionan, creando un mundo enrarecido y seductor donde la ironía surge —como quería G. Bataille— de la irrupción de lo desconocido y de la instauración de lo siniestro, ubicándola siempre en las perspectivas de niños o niñas perversos que protagonizan sus historias, cumpliendo sus "fiestas" de muerte y erotismo como venganza o rebelión contra el mundo de los adultos. Ese mundo simbólico atraía a Alejandra, que, con sus gestos, su rostro y su comportamiento infantiles, hacía juegos verbales y chistes obscenos que divertían a Silvina. También la "muerte" va ocupando una presencia espectral en sus escritos. Juntas eran dos niñas "perversas en un juego de risas y crueldad, de seducción y escamoteo, de complicidad encantada"[126].

Silvina era una reina de la aristocracia que Alejandra podía exhibir delante de los amigos más jóvenes. Si bien se veían y se visitaban, el teléfono era el fetiche central. Se leían textos, jugaban a ser crueles entre sí. A veces, una de ellas se limitaba a respirar del otro lado del auricular. Pero el mensaje igual

126 Cristina Piña y Patricia Venti, ob. cit.

llegaba. Silvina llamaba a Alejandra a las cinco de la mañana para decirle con su voz cascada: "Te llamo para despedirme. Me voy a París". Alejandra la parodiaba, burlándose de su voz "de cabra", como le gustaba decir.

"Se cruzaban pequeños homenajes: una torta de chocolate o un inmenso frasco de dulce de leche llegaba a lo de Alejandra; Silvina recibía alguna de las caritas dibujadas o los collages de su Alicia gemela, en las que Alejandra daba vía suelta a su enamoramiento persistente. O se peleaban y se ofendían, reviviendo cada vez el juego de la seducción", cuentan sus biógrafas[127].

En ambos códigos natales, no ya en los recortes de la conciencia de sí desde la Luna dominante, sino en las biosferas pobladas de vida y muerte, Plutón está siempre implícito, siempre detrás de lo evidente. El juego de las proyecciones se activa intenso, aun cuando la poeta haya incluido en su registro todos los holocaustos y los haya representado en la figura de la madre, esta mujer mayor que la atrae destapa sus miedos y pronto vuelve la imagen del daño.

Por momentos, Alejandra parece encontrar estrategias que acercan a Silvina al amor entre mujeres; casi la obliga a leer la novela *Nightwood* (*El bosque de la noche*), de una autora que la tenía fascinada: Djuna Barnes, quien había escrito una de las primeras novelas lesbianas de la literatura estadounidense. Su fascinación corría en paralelo con la que tenía por Silvina, de quien la separaba una diferencia de edad similar. Incluso le escribe una carta: "Escribí una carta a Djuna. Parece un

127 Ídem.

tanto forzada. No es para menos: hablo a una Djuna de setenta y seis acerca de mi amor por una Djuna de cuarenta y seis. ¿Cómo no va a sentir celos de la que fue? ¿Cómo no va a sentir su vejez como un insulto?".

Sol en Leo de Silvina y Luna en Leo de Alejandra: cabalgar el león (el dragón)

Se las puede ver juntas en una foto, cabalgando una enorme escultura de un León en un parque. Silvina se tapa la cara, pero está sobre la espléndida melena, y Alejandra, en cambio, parece caerse cerca de la cola. ¿Alguna cabalga al león, como San Jorge cabalgó al dragón? Con el signo solar de Leo, una, la otra lunar, lo intentan, se atraen y compiten, empujadas en parte por la obligación de ser geniales. La foto es un momento radiante para la lectura astrológica: en los bestiarios, Plinio dice que en la lucha con estos animales de gran tamaño mueren el vencedor y el vencido. En el juego de cabalgar juntas a Leo pueden adquirir el coraje de morir a sus identidades acostumbradas, a sus demandas, sin perder la cordura, y acceder juntas —en vínculo, como solo es posible hacerlo— a un pasaje multidimensional de sus energías. Pero ese fuego que se ha encendido podría ser solo un chisporroteo de fuegos perdidos. En la coreografía erótica que han emprendido se magnetizan muchos más ejes de los que esperan controlar. Tienen la ventaja de haber asistido, cada una, a infinidad de conversaciones sensibles, de haber sido traductoras de material sutil, escrito luego con sus herramientas artesanales de la palabra. Ciertos contornos vinculares desconocidos comienzan a perfilarse despiertos por la atracción.

"Ahí está tu jardín"

Silvina puede salvar su infancia con la ironía y asumir el punto de vista de una niña, pero usando el lenguaje, aunque sea una visión nostálgica de la niñez, como en *Sonetos del jardín*. Por su lado, Alejandra desea desesperadamente entrar en ese reino, donde la "nena todavía vibra": se enamora, se magnetiza, ya que asocia a Silvina con el resguardo de "las niñas"; quiere que

Silvina la deje entrar en sus aristocráticos jardines, como si Silvina fuera la custodia de un tesoro luminoso que cree haber perdido, para allí refugiarse. Quiere que Silvina le abra esa puerta enteramente, que la adore, creyendo que con su amor va a salvarse, en el "bosque musical para dos niñas fieles: S. y A". Después de todo desea ir nada más que hacia el fondo, pero encontrar, en ese fondo, un jardín luminoso.

La inmersión erótica en los "dominios ilícitos" de Silvina alcanza en Alejandra una excitación sensorial-mental. Es una relación directa con sus posibles reconfiguraciones a través de activar el deseo (Aries), del erotismo y la creación. El amor, en el último minuto de su vida —Alejandra ya tiene grandes planes de suicidio— es el desafío más intenso: que se una su cuerpo con su incandescencia, se restaure esa mirada exclusiva y solar, ahora de Silvina para ella (Luna en Leo).

Un jardín no es (la) naturaleza

En *Hyperion*, obra escrita por Hölderlin, existe un espíritu liberado que intuye su origen al ingresar en un jardín arcádico, allí se encuentra con quien abre el perímetro del jardín hacia una dimensión de la naturaleza armonizadora. Esta es una metáfora de la creación artística —como campo de unión de las esferas, en una unión directa con los dioses al estilo de la astrología o de la literatura. Cortázar relata una experiencia similar en *Prosa del observatorio*, cuando atraviesa un agujero en la red del tiempo: se puede pasar de un estado de pavor físico y mental a uno de serenidad, dice, respecto de una experiencia epifánica que efectivamente vive en su viaje a la India de 1956. Silvina y Alejandra están ante el agujero en la red del tiempo. Algo distinto puede suceder en ese jardín arcádico. En la sinastría, vemos cómo el Neptuno de Alejandra infunde su energía sobre el Venus de Silvina, e inunda de sueños a la poeta mayor atrayendo su empatía. Alejandra ha experimentado por instantes la fusión del pulso sentir-entender, fuera de la secuencia, sin repetir la coreografía que la condena a la identificación con la niña prodigio, y su consecuente frustración —la parte dominante en la biosfera: Luna en Leo. Para eso es de Tauro, que es pura sensación corporal, y contiene en sí el rayo de claridad mental de Aries, también se ha arriesgado a traspasar la membrana del adentroafuera haciendo el poema. Pero esa reconfiguración no la ha llevado a vivir en un jardín planificado, su sistema nervioso trepida e intenta reequilibrarse, pero la arrastra la niña herida. Mientras, Silvina toma energía solar de los ojos de Alejandra, que con su fascinación le restituye los atributos de reina que le quitaron. Pero intuyen que este vínculo puede abrirse a más que sus satisfacciones inmediatas. Se ha producido un descentramiento que las desconcierta, y si se atreven a atravesar el agujero del tiempo podrían encontrar su naturaleza expandida, biosférica. Ese posible acoplamiento entre un jardín controlado y la naturaleza que invita al amor, a la serenidad y no al enajenamiento. Pero se necesitan una a la otra para entrar de la mano, para articular muchos juegos dialógicos a la vez, nada menos para estas mentes pioneras. Solo el amor como atmósfera puede ser el jardín arcádico donde jugar libres de la sujeción del miedo.

Del juicio, de la convención. Por un instante, nadie las mira más que ellas.

> Silvina querida, te dejo los fósforos a ver si escribís otro cuento (por favor) con y acerca de y cerca del fuego ("vivir ardendo / e non sentir il male", dice —y perdón por las faltas— la adorable Gaspara Stampa). Y luego: "Que no haya más finito ni infinito. Que solamente el amor vuelto fuego perdure"[128].

Había una frase que obsesionaba a Alejandra, que la dice la pequeña Alicia de Carroll[129]: "Solo vine a ver el jardín". Ese es el lugar central donde todo sucede. Alejandra intuye cómo entrar, pero luego, con el rechazo, se siente condenada al bosque de Nadja: "la muerte y la muchacha / abrazadas en el bosque"[130]. Ese juego de palabras que viene de la tradición surrealista se vuelve en Alejandra una compulsión, que la condena a una incontinencia verbal. En la última carta de Alejandra a Silvina, le dice: "sos mi paraíso perdido. Vuelto a encontrar y perdido". Las niñas de Silvina están instrumentalizadas con la ironía en la escritora adulta y preservadas al tomar ese punto de vista, en tanto volver a la infancia es un lujo de rica. Alejandra quería entrar al "Jardín de Sylvette a la hora de las maravillas"[131] y ser una de ellas, en ese jardín controlado para

128 Ivonne Bordelois y Cristina Piña (eds.), ob. cit.

129 Lewis Carroll, *Alicia en el país de las maravillas*.

130 "El ojo de la alegría (un cuadro de Chagall y Schubert)", *Textos de Sombra, Poesía completa*.

131 Ivonne Bordelois y Cristina Piña (eds.), ob. cit.

no perderse y ser nuevamente una joven adorada, una pequeña náufraga rescatada en brazos de Silvina. Escribe Alejandra en ese último año, antes de su suicidio:

> Pasos y voces del lado sombrío del jardín. Risas en el interior de las paredes. No vayas a creer que están vivos. No vayas a creer que no están vivos. En cualquier momento la fisura en la pared y el súbito desbandarse de las niñas que fui. Caen niñas de papel de variados colores. ¿Hablan los colores? ¿Hablan las imágenes de papel? Solamente hablan las doradas y de ésas no hay ninguna por aquí[132].

Donde Silvina escribe *Sonetos del jardín*, Alejandra es "Alejandra-Nadja" y escribe con palabras que salen de la boca de la sombra.

Aries, el ascendente de Alejandra —un fuego distinto al de Leo—, estuvo muy cerca en su literatura y su alma, en sus intentos de autonomía, en la adolescente procaz, en la velocidad con que publica, en su alarido metálico. Pero teme equivocarse y que no la adoren. Se aferra a Silvina hasta desgastarla. Alejandra se confunde y toma el sendero del deslumbramiento, de volver a ser la adorada joven poeta. Pero su reino mágico se torna muy peligroso al extremar sus demandas y ser rechazada en este círculo que otra vez se cierra. Pierde toda autonomía. Silvina la deja atisbar su jardín aristocrático, le entreabre la puerta, es un atractivo para Alejandra. A cambio, Alejandra le otorga el lugar de "única", poco habitado. Todo ocurre en el

132 *El deseo de la palabra*.

espejo de Leo, donde el fuego vuelve a encenderse, pero es el reflejo fantasma de las niñas que fueron. Si Aries es un fuego de inicio, pero sin forma aún, en Leo se afirma el fuego en la identidad centrada: Yo soy aquél que se muestra para provocar una respuesta del otro que va a confirmar ese sí mismo. La ariana se abalanza con su caudal de deseo e impulso ciego. Son destellos eróticos magníficos como para incendiar juntas los viejos álbumes de recuerdos. Pero no se ven una a la otra ¿es solo un juego de reinas, o puede ser un juego de corazones radiantes? En el centro de esas conversaciones, algo vibra.

Plutón-Venus en Alejandra y en Silvina: la belleza y el horror por guías

"No es en la configuración del hombre la animalidad lo más extraño, sino la vegetalidad."

Noelia Billi[133]

Ellas conocen el lugar donde se hacen "los cuerpos poéticos" y saben que es una "cesta llena de cadáveres de niñas". Ambas tienen al planeta Venus en un diálogo de tensión con Plutón (Venus cuadratura Plutón), y el encuentro entre ellas tiene la temperatura de este aspecto astrológico de sus códigos natales. Plutón-Venus traducidos al lenguaje de conexiones dan cuenta de la intensidad y la emergencia —más o menos controlada— de lo que nombramos perversión, muerte y oscuridad,

133 Noelia Billi, doctora en Filosofía e investigadora de lo vegetal y lo mineral.

llevados a la estética de su vida-obra expandida al mundo de las relaciones. Niñas perversas y asesinas pueblan sus ficciones, con particular resonancia entre *La furia* (1959) y *La Condesa Sangrienta* (1965). Los cuentos de Silvina Ocampo abordan infancias terribles y rozan lo monstruoso, dice Juan Villoro. Alejandra Pizarnik hace esta elección estética: "la belleza y el horror por guías" y escribe en su diario que entre ellas hay un pacto a lo Sade-Masoch, pero tácito. La reconfiguración en las relaciones enmarcadas en Plutón-Venus implica una muerte de la autonarración existencial, tanto como en la vida estética. El derrumbe de las casas seguras. El tono del vínculo es de atracción fatal, es demasiado hermoso y demasiado horrendo.

> Me llegó de la Ciudad Luz el libro sobre nuestra condesa húngara que se higienizaba a diario con sangre de niñas. Espero verte y dártelo mano a mano con rostro de conspiradora y sin que nadie nos vea (en Playa Grande, por ejemplo). No te lo mando por correo pues sería mancillar el símbolo (no importa qué símbolo). Ciertos libros se deben "pasar" como un puñal. Mientras tanto, lo voy a releer. Si no tenés ganas de leerlo, te lo resumiré, haré una factura con el número de muchachas violadas, apuñaladas, ahorcadas, etc.[134]

Algo muy profundo sucede. Hacia el final del juego, Alejandra parece haber encarnado a Plutón, que le demanda a Venus el amor, con la intensidad y la amenaza de muerte que

134 Ivonne Bordelois y Cristina Piña (eds.), ob. cit.

surge en esta trama vincular cuando se polariza. Se ha lanzado sobre Venus y no puede detenerse hasta que Silvina le diga que la ama.

> Sylvette, sos la única. Pero es necesario decirlo: nunca encontrarás a nadie como yo. Y eso lo sabés (todo). Y ahora estoy llorando. Sylvette, curame, ayudame, no es posible ser tamaña supliciada, Sylvette, curame, no hagas que tenga que morir, ya…
> Tuya:
> Alejandra[135]

Hubo días en que el juego entre la atracción y la desconfianza puso paranoica a Alejandra. Para Silvina la intensidad demandante de Alejandra y sus amenazas de muerte habrán sido la visión de un infierno que ella misma alimentaba. En un momento de desesperación Alejandra cree que Silvina está practicando magia negra contra ella.

> Desde ayer pienso en cosas estúpidas. Por ej: alguien ejercitaría la magia negra en contra de mí. (…) ¿Y en S., qué inspiro? Puede ser que me quiera pero pienso que si yo me muriese no podría ocultar un movimiento de satisfacción. Y acaso sea ella quien me desea todos los males. ¿Por qué no podría ser ella? Por otra parte, con ella me muestro fantasiosa, y eso no ha de gustarle demasiado.
> (…)

135 Ídem.

> S. puede hacerme un daño enorme. No pensar en esto. Otra cosa: la angustia de S., su histeria, algo le pasó, que no tiene que ver conmigo. (Pensar que he sentido *deseos* ante esa revieja histérica que solo sirve para hacer mal —insecto dañino, bruja mediocre)[136].

Todo gira a gran velocidad, ahora es Silvina-Plutón, la de "la boca obscena", la que afea a Bioy, la maga negra llena de poder; ahora es Alejandra la de un fuego bajo y sojuzgado que sabe algo —acaso demasiado— acerca del "último fondo del desenfreno" y persigue voraz a Silvina. Busca la redención a través de sus *Textos de Sombra*. Una redención que solo puede darle el amor. Una redención sexual y textual.

En el interior de sus textos y de sus cartas natales, hay un campo vincular donde esos dioses planetarios conversan en una tensión poética profunda. Lo aterrorizante es la dimensión transpersonal de "todos los horrores y toda oscuridad" acumulados en los arquetipos colectivos que son atraídos en esa tensión magnética erótica. En su diálogo, ninguna de estas tremendas autoras puede vestirse solo de doncella, ya han elaborado el significante de estas tendencias. Se activan mutuamente impulsos crueles y pasión amorosa adentroafuera. Cuando el amor se acopla con la muerte, juntas pueden redimirse y dejar morir a quienes creían que eran. Pero el verdadero temor las asalta, es la fantasía de no saber quién está detrás de ese "yo soy" acuñado en la infancia. ¿Qué sucede si van "nada más que hasta el fondo"? No ellas, sino sus autoimagenes

136 "Cuaderno de agosto de 1969 a abril de 1970", *Diarios*.

controladas son las que corren peligro de muerte. No es otra cosa que dejar morir lo que en realidad ya está muerto, para liberar nuevas y potentes energías, pero ¿quién se atreve? La humanidad toda se aferra a sistemas construidos que son los mismos que nos destruyen, y lloramos como infantes a quienes se les han roto los juguetes. Claro que, si "la creación es una cosa circular", como afirma Ocampo, uno va repitiéndose y "es una especie de fidelidad involuntaria" de los mecanismos lunares. Las dos son la bella y la bestia, y entre ambas pueden redimirse del dolor, pero no como niñas que añoran sus jardines, sino como creadoras adultas. Para que así se "restableciera el equilibrio cósmico"[137].

En *El deseo de la palabra* (1975), selección de poemas y textos críticos póstumo, Alejandra escribe: "La noche, de nuevo la noche, la magistral sapiencia de lo oscuro, el cálido roce de la muerte, un instante de éxtasis para mí, heredera de todo jardín prohibido". En la magistral sapiencia de lo oscuro no está el mal, como podría suponerse, sino la muerte individual y colectiva de sistemas que ya no tienen vitalidad: muere el ego, la centralidad, es el momento pos Leo para el viviente humano. Luego, el amor.

Finalmente, en la invocación y la evocación del jardín hay una búsqueda de cierta vegetalidad transformadora que las enlaza en un secreto parentesco, es el *urpflanze* —el secreto de Goethe[138]—: son dos hijas de la planta original, un origen

137 "Una traición mística", *Prosa completa.*

138 J. W. Goethe, *La metamorfosis de las plantas* (1790). Escribe este ensayo articulando el pensamiento crítico de su Sol en Virgo, el impulso de su ascendente que lo destina a las profundidades de Escorpio y la sensibilidad empática

unificante de todo lo viviente, y el sentido de la transformación vegetal "en sus jardines" que, a diferencia de los demás reinos, encuentra su crecimiento por fuera de la ley de adoptar una forma única y final. El vínculo Silvina-Alejandra se mueve en el umbral de lo enterrado (raíces) con el cielo (parte aérea), entre Plutón del inframundo y Venus estético y primaveral que se anuncia con el brote de las plantas. Recuerdan lo escondido y lo sacan a la superficie. Allí están esas dos mujeres.

El algo más de la sinastría

También hay una lectura simbólica de otros aspectos en sinastría de sus códigos natales: Silvina podría insuflar cierta confianza jupiteriana por la conjunción con Saturno, más restrictivo de Alejandra. El Venus seductor de Silvina ilusiona y confunde al Neptuno de Alejandra. Urano en el código natal de Silvina desubica las certezas jupiterianas (sus acumulaciones de saber) de Alejandra. A la vez, Alejandra con Saturno le propone trabajo (una publicación) para expandir la obra de Silvina, sosteniendo su magra autoconfianza jupiteriana. Y Alejandra neptuniza a Silvina ensoñando un romance posible con la joven poeta por la conjunción con Venus de Silvina.

---

de su Luna en Piscis. "El secreto parentesco entre las diferentes partes externas de las plantas, como las hojas, el cáliz, la corola o los estambres, que se van desarrollando una después de otra y, en cierto modo, también una a partir de otra, es conocido por los investigadores en general desde hace largo tiempo, e incluso se ha estudiado en detalle. La acción por la cual uno y el mismo órgano permite que lo veamos transformado en toda su variedad se ha denominado metamorfosis de las plantas".

Alejandra tiende un puente de confianza desde Júpiter en Sagitario para la escritora mayor al proponerle la antología a su editor y resaltar Urano, la originalidad de Silvina.

El silencio y la memoria

Silvina crea en Alejandra un silencio hecho de la falta de cartas. La vehemencia ariana pone el grito en el cielo. Es la niña-Alejandra que se extravía y se desorienta frente a la falta de respuesta. Siente que se desangra y eleva a Silvina al folklore de las vampiras en donde ella ocupa su lugar de sacrificio, e imagina que tal vez así podría restablecer el equilibrio cósmico. "Su silencio es un útero, es la muerte. Una noche soñé con una carta cubierta de sangre y heces; era un páramo y la carta gemía como un gato. No. Voy a romper el hechizo"[139]. Siempre podía haber una mañana siguiente y una carta deslizándose debajo de la puerta para levantarse y bañarse, trabajar un poco sin que su cuerpo estalle. Al no poder cerrar sus heridas crudas, el rechazo a sus demandas, y no Silvina, logró su muerte, como al parecer Alejandra misma lo deseaba: "He malgastado el don de transfigurar a los prohibidos", escribe refiriéndose al destino de los poetas "malditos".

Silvina alcanza a tomar su identidad como narradora —aunque tardíamente reconocida—, pero en su existencia se fue apagando fuera del salón, relegada a sus habitaciones, rodeada de empleadas y enfermeras que la miman tal como

139 "Una traición mística", *Prosa completa.*

había empezado sus días, desatendida por el hermoso y joven Bioy. Vivió los últimos diez años como en un "Viaje olvidado". El gran tema de este cuento es la memoria. El alzhéimer que padece irá borrando sus recuerdos con algún destello de lucidez en el que le parece ser aquella sí misma igualmente ambigua, desdoblada. También se desvanece su autoconfiguración textual, se distorsiona la lengua y finalmente toda ella se esconde en su interior confuso. Por sus cuentos se accede en parte a su irónica autobiografía. Falleció la calurosa tarde del 14 de diciembre de 1994 como "el secreto mejor guardado de la literatura argentina".

Finalmente, se destila una pregunta: ¿es posible ser un corazón radiante como es signado Leo, como cualquiera puede serlo desde su singularidad, pero sin ocupar la centralidad dominante para que los demás se lo confirmen?

Apagar la luz, mirar al cielo. Formar constelaciones con líneas imaginadas. Nuevas figuras necesarias, con sus correspondencias terrenas; una actividad comunitaria que hacían los antiguos y a la que podemos tomarle la práctica. Leer símbolos, crear mundos.

La liberación de las esferas

"Todas las cosas son ayudadas y ayudantes, todas las cosas son mediatas e inmediatas, y todas están ligadas entre sí por un lazo que conecta unas a otras, aun las más alejadas", dijo Pascal hace ya tres siglos. Y así lo vio la niña, cualquier niña. Aunque no conocía el átomo cósmico dentro del cuerpo, ni tampoco imaginaba la urgencia de una política planetaria. Antes de aprender a separar las materias, las personas y las cosas, a leer las horas para estabilizar el tiempo, tuvo una sensibilidad de la condición inicial del cosmos. Pero le negaron la realidad de esa inmersión en un caos danzante y necesitó de una imagen detenida. De sí y del territorio colectivo en el que se movía. Y el primer repliegue fue encapsular su existencia singular. Necesitó de mucha creatividad para apagar los lazos y ordenar el golpe de datos separados que recibió demasiado rápido. Pero de tanto en tanto bascula y emerge en los estados cocreados. Hay rastros de su ombligo cósmico que no olvida.

Sobreviene el lenguaje, el sujeto y el objeto, y la enumeración propia de la categorización. La "y" ya no es cópula y separa lo distinto. Civiliza. La voz del ojo que vigila le configura el cuadro del mundo. Es una visión que se le extiende hacia adentro para construir una visión interior y hacia afuera, para construir el mundo. Las visiones del mundo crean mundos y destinos vinculares. La polarización de las esferas es la Gran División Interior que explica la Gran División Exterior[140], dice Latour al proponer una política que incluya el cosmos y los territorios como espacio común que los dogmáticos bloquean asustados ante la finitud.

Este caos climático está signado por la fractura de las versiones del mundo. De los dos lados del mundo. De la versión de la razón financiera separada de la empatía extendida de la emoción telúrica, y en este choque tectónico suena el temblor de las esferas. Dentro del caos transicional, en el torbellino, se arremolinan y quiebran verdades totémicas. Pero aún se pueden difuminar las fronteras o fortalecerse en operaciones extremas. Si ponemos un pie en la igualdad, el otro pie tambalea en la inequidad. Somos agentes y emergentes de un proceso mutante y apenas estabilizamos una ley de la Naturaleza como sujeto de derecho, que implica un esfuerzo para la mente al integrarse a un cosmos vivo. ¿Al liberarnos de las esferas podremos liberarnos de los destinos extremos? Para coexistir en un caos al que habrá que tomarle el ritmo.

Este ensayo inestable intenta "el Des-Hacer" de las fronteras canónicas que sugiere Macedonio Fernández. Si no lo ha logrado, propone el método "cirugía psíquica de extirpación" macedoniano. La astrología y la literatura connotan la porosidad fronteriza, con la ayuda de la metáfora que es la potencia del pensamiento. En la novela de ciencia ficción *La rueda*

140 Bruno Latour, *Nunca fuimos modernos. Ensayo de antropología simétrica.* "La política ya no es asunto exclusivo de los seres humanos, de sus relaciones y distribución de poder entre sí, sino que tiene una dimensión mucho más grande que incluye a lo no humano y al cosmos en general como espacio de vida común, todo ello forma parte de 'el colectivo'".

celeste, de Ursula K Le Guin, el protagonista tiene sueños efectivos. Ingresa a su estado onírico información atemporal que cambia el mundo real. Ya despierto conviven en él memorias paralelas, y lo desconocido constituido genera "mundos divergentes múltiples"[141]. No es solo un mapa del mundo lo que cambia, sino una forma de hacer mundo.

La pluralidad de visiones desde los distintos signos del Zodíaco mantiene sus diferencias, pero son convergentes en una cosmogonía en permanente estado de devenir. La lectura de un código natal puede ser una experiencia dinámica que religa opuestos, como lo son la literatura y el arte con sus estructuras complejas de conexiones multidimensionales. El corazón del cerebro sabe que el fundamento oculto es la copertenencia cuyo síntoma más evidente es lo tercero que surge en la creación en simpoiesis. El foco ilumina lo que enlaza. Macedonio afirma acerca del "todoamor" que "el yo es escandaloso" y se pregunta al final de su ensayo "cómo se firma esto".

En estos años de escritura Plutón continuó su tránsito por Capricornio iluminando aún más lo oscuro. Todavía parece que podemos matarnos sin romper un solo hueso al capitalismo fósil. ¿O es que ya está muerto, y es un capitalismo zombi[142]? Si no hay dioses, habrá fantasmas. Uno para asustarnos es el hambre que crece desde la racionalidad matemática. En medio del golpe de estado climático que suspende los derechos de los pueblos a favor del ecocidio, el futuro es opaco. Sin embargo, Plutón transita ya en los últimos grados de Capricornio;

141 Isabelle Stengers, cosmopolítica.
142 Mark Fisher, "El capitalismo zombie", *Realismo capitalista. ¿No hay alternativa?*

Saturno —separado de la conjunción— está en la constelación de Acuario, y en estos días de invierno sur de 2022 noticias del telescopio James Webb inundan las redes con sus fotos de un posible planeta gaseoso, estrellas nacientes en un acantilado cósmico, un quinteto de galaxias en danza y una estrella moribunda. Conmueve la belleza de la imagen remota de trece millones de años del campo profundo del cielo, que es el origen, el ombligo cósmico. Hoy es un día como aquel en el que esa visión del universo puede ser una visión del mundo. El ojo que mira la belleza del cielo mira al interior del ojo que es polvo de estrellas.

¿Podremos reconfigurarnos? Con la unión de saberes al estilo de Xul, con la incandescencia poética de Alejandra, el deseo de conmover de Silvina —irradiar sin ser el centro—, y la memoria de todos los místicos en Borges que lo llevó directo al corazón del tiempo. Las mentes sensibles y cocreadoras tienden puentes que nos acercan mundos más complejos en cada época. Tenemos toda una tradición visionaria en nuestra región, de íntimas relaciones con la naturaleza que atraviesan todo tipo de materialidades a la vez que las fundan. Para llegar al centro de la conversación cosmogónica que se actualiza, y libera la separatividad, las relaciones —en sus diferentes formas— avivan zonas desconocidas y "limpian las heridas con lluvia", que es el efecto de mundificar[143], para la liberación de las esferas y reponer el cielo nocturno lleno de raíces de pensamientos que van floreciendo en la Tierra.

143 Según definición de la RAE. El antropólogo argentino Mario Blaser usa el término "mundificar" para "los diseños ontológicos pluriversales que propicien las condiciones tecnológicas, sociales y ecológicas en las que múltiples mundos y conocimientos puedan florecer de forma mutuamente enriquecedora".

El tejido de los agradecimientos

Gracias al estímulo de Eugenio Carutti, abordamos la astrología como un modo de pensar y sentir el mundo. El resultado fue Casa XI, escuela que fundamos con él y un grupo de personas. Durante los doce años en que di clases fui profundizando en la idea de "la carta natal como sistema" y analizando cartas en red. Pasaron varios años y novelas de ficción y ciencia ficción climática para que volviera a dibujar una carta natal, como ocurrió gracias a Mónica Ávila y la Municipalidad de Tigre. Primero en las charlas que di en la Casa Museo Xul Solar (Li-Tao), en Tigre, en el Museo Xul Solar, de la Ciudad de Buenos Aires, y en el Museo Nacional de Bellas Artes, de la Argentina.

Agradezco cada lectura biográfica, de crítica y de las obras literarias. El acercamiento simbólico al arte, a la metáfora literaria, a la poética tejida con la política socioambiental exime de sujeciones a la hora de escribir y es un alivio que recomiendo experimentar. La perspectiva astrológica está por fuera de los parámetros de lo correcto, es más bien la expresión multidimensional de las divergencias y cohesiones del cosmos. La interpretación del código natal de Borges inició un diálogo con el maravilloso texto de Alan Pauls *El factor Borges*. No siempre en coincidencia, pero siempre en diálogo. La lúcida lectura que hizo Pauls en este ensayo fue de alcances literario-terapéuticos, algo que quienes escribimos solemos necesitar.

La noción del colapso socioambiental en la biosfera a partir del dominio demencial de una parte por el todo, como también el equilibrio dinámico del sistema, el caos regenerador incluso, se refleja en mis novelas distópicas-utópicas, ecotopías, ciencia ficción climática y artículos ecofeministas. Y los seminarios de ciencia ficción que brindo en la Universidad Nacional de las Artes surgen de los experimentos mentales que han emprendido autores como Ursula K. Le Guin, J. G. Ballard y Ted Chiang y la ensayista ficcional Donna Haraway, donde, a veces, el alienígena o la lengua incomprensible del extraterrestre se equiparan a "lo Otro" asustante que dejamos del otro lado de una frontera autoinfligida en la carta natal. También ilumina este ensayo la experiencia de escritura colaborativa con grupos de mujeres tales como #EscritorasNohayCulturasinMundo y Mirá_socioambiental: Maristella Svampa, Gabriela Cabezón Cámara, Soledad Barruti y Dolores Reyes.

Este ensayo fue el resultado del trabajo entramado con la querida editora de mis libros Julieta Obedman, acompañada por Florencia Trimarco y Sofía Moras. Gracias a Gabriela Benítez Tapia por sus hermosas ilustraciones.

Gracias a Gabriela Saidón, Silvia Hopenhayn, Claudia Piñeiro, Juan Carlos Kreimer, Juan Schnitman, Milo Schnitman, al grupo Pucheras, Alicia Frenkel, a mi compañero Guillermo Schnitman, *El viejo Farmer*. Gracias a mi pájara compañera desde el confinamiento, a los ríos marrones del delta, a la naturaleza.

Glosario

Carta natal: se calcula con los datos del día, el mes, el año, la hora y el lugar de nacimiento. Código natal. Sistema biosférico.

Los básicos

Sol: el signo solar está determinado por nuestra fecha de nacimiento. La identidad, la singularización de la persona. El sol, dios *invictus*, la centralidad. Yo soy así. El Antropoceno. La cultura dominante (solar-identitaria).

Luna: el signo lunar se calcula también según nuestra fecha de nacimiento. La memoria, la función nutricia, la repetición del refugio infantil. La vulnerabilidad humana en las infancias. Los sentimientos a través del rito, el mito fundante, los emblemas de la tribu, la bandera. Nación. Sentimiento de "acogida": la familia, la raza, la habitación. La caverna mental. En su cara luminosa simboliza la política del cuidado. Maternar, Gaia, Pachamama, El reencantamiento del mundo ancestral.

Ascendente: el signo ascendente se calcula con la hora de nacimiento. El ascendente como orientación poética es una señal para habitar la biosfera, está presente en el entorno vincular desde el nacimiento. Es un dato en el caos que une lo esotérico con lo exotérico. Más allá del Sol y después de la Luna, se revela un destino en la complejidad del universo que podemos aprender a habitar. El ascendente inicia (casa 1) la organización del código natal dividido en campos de experiencia. Es lo que llamamos destino.

Sinastría: palabra compuesta por "más" y *ástron* que significa 'estrella': juntar estrellas. Astrología de las relaciones. Interrelación entre códigos natales. Sinastría: "sin-sim": sincronía, sinestesia, simpoesis, simbiosis. En la sinastría se observan aspectos de complemento, de tensión, o de fluidez entre dos o más códigos natales. Indicadores: elementos, aspectos planetarios, luces y sombras, mitologías personales.

Signos

Aries: Fuego. Planeta regente: Marte. Primer signo del zodíaco. Impulso primigenio: *big bang*. Iniciativa de corta duración. Deseo. Agresividad. Combate. Actividad física. Velocidad. Mecánica. Carnero.

Tauro: Tierra. Planeta regente: Venus. Segundo signo del Zodíaco. Sensualidad y percepción. Sustancia básica. Disfrute de la comida y de los masajes. El campo. La naturaleza. Acumular. Terquedad. Obstinación. Toro.

Géminis: Aire. Planeta regente: Mercurio. Tercer signo del Zodíaco. Inquietud mental. Enorme curiosidad. Estudiante eterno. El hablador. La radio, las "redes sociales", las noticias del minuto. Estudios menores. Movimiento constante. Viajes cortos. Desdoblamiento e indefinición. Ambigüedad. Los gemelos.

Cáncer: Agua. Planeta regente: Luna. Cuarto signo del Zodíaco. Fondo cielo. Memoria familiar. El sentido de pertenencia de:

la tribu, la aldea, la casa, la patria, las raíces ancestrales. Maternar. Nutrir la vida. Sensibilidad ante lo indefenso. El cangrejo, duro por fuera y blando por dentro.

Leo: Fuego. Planeta regente: Sol. Quinto signo del Zodíaco. Afirmación del "yo". La centralidad. Necesidad de expresión artística. El corazón radiante. El ego. La necesidad del aplauso y del reconocimiento. El que salió de la tribu. Antropoceno. Individualidad. Brillo. León.

Virgo: Tierra. Planeta regente: Mercurio. Sexto signo del Zodíaco. Ser una parte del todo. Cumplir una función. Servicio. Lo menudo, lo acotado. Detallista. Minucioso. El orden en el casillero. Virgen.

Libra: Aire. Planeta regente: Venus. Séptimo signo del Zodíaco. La importancia de lo Otro. La búsqueda del equilibrio de partes. Sonrisa. La belleza. La armonía. La discusión. La justicia. Balanza.

Escorpio: Agua. Planeta regente: Plutón. Octavo signo del Zodíaco. Profundidad. Misterio. Sexualidad. Psicología. Terapias intensivas. Cuidado de enfermedades terminales. Relación profunda con la muerte. Investigación. Escorpión.

Sagitario: Fuego. Planeta regente: Júpiter. Noveno signo del Zodíaco. Filosofía de la vida. Sabiduría. Estudios mayores. Entusiasmo. Viajes largos. Extranjero. Idiomas. Disfrutador. Expansión. Centauro.

Capricornio: Tierra. Planeta regente: Saturno. Décimo signo del Zodíaco. Medio Cielo. Realización. Concreciones. Manejo del tiempo. Planificación. Materialidad. Instituciones formales. Reglas y leyes. Mandatos. Estructura. Noción de realidad. Montañas. Chivo.

Acuario: Aire. Planeta regente: Urano. Undécimo signo del Zodíaco. El pasaje del yo al nosotros. Lo colectivo. El futurismo.

La tecnología innovadora. El pensamiento abstracto. Anticipación del tiempo presente. Lo excéntrico. Cántaros que trasvasan agua celeste.

Piscis: Agua. Planeta regente: Neptuno. Duodécimo y último signo del Zodíaco. La dilución del "yo". La sensibilidad oceánica. La imaginación ilimitada. El no borde. La intuición sensible. Lo indiferenciado. Peces.

Planetas

Planetas personales

Sol: regente de Leo. Dios *invictus*. Función de singularidad. Energía vital creadora. Irradiar. Centralidad. Identidad personal. El "yo" y el ego. Autopoiesis. Monádico. Autotexto. Autobiografía. Narrativa del "yo". Arquetipo del héroe.

Luna: regente de Cáncer. Gaia. Sentimiento de acogida y de crianza. Memoria. La política del cuidado. Pachamama. Maternar. Condición de dependencia. Nutrir. El hogar.

Mercurio: regente de Géminis y de Virgo. Hermes, el dios de la comunicación, el mensajero de los dioses. La escritura y las redes sociales.

Venus: regente de Tauro y Libra. Afrodita, la diosa del amor, la belleza, el arte y el erotismo.

Marte: regente de Aries. Ares, dios de la guerra y del combate. Deseo. Impulso. Fuerza. Lo intrusivo. Valiente. Energía física.

Júpiter: regente de Sagitario. Dios Zeus. Dios entre los dioses y entre los hombres. Progreso. Abundancia. Amplitud de experiencia. Aspiración filosófica y cultural. Sabios. Exageración.

Saturno: regente de Capricornio. Cronos, el dios del tiempo. Kainos. La creación ambigua de un dios constructor y punitivo. Principio de límite. Materialidad. Concreción. Vejez. Paternar. Las instituciones conservadoras. El karma como consecuencia de acciones pasadas. El confinamiento. La disciplina. La concentración. La estabilidad. El juicio. La piedra. El hueso. El muro.

Planetas transpersonales

Urano: regente de Acuario. Dios de los cielos y la libertad. La revolución. Lo nuevo. La continua estimulación creativa. La originalidad. Lo impredecible y repentino. Los grupos. Lo cósmico y transpersonal. La astrología. Lo colectivo. La invención tecnológica. El quiebre de estructuras. Lo excéntrico. El cielo.

Neptuno: regente de Piscis. Poseidón, dios de los océanos. Lo espiritual. Simbólico. Imaginativo. Lo inmaterial. Atemporal. Artístico. Los sueños y las visiones. El misticismo. Religiosidad. Compasión. La disolución del "yo" y el ego. La ilusión. El autoengaño. Drogas y las distorsiones. Las creencias y las confusiones. Profundidades oceánicas del inconsciente. Participación mística. Lo esotérico. El mar infinito. El agua.

Plutón: regente de Escorpio. Hades, el dios del inframundo. La voluntad del poder. Las fuerzas de las profundidades tectónicas. Destrucción y resurgimiento. Ave fénix. Intensidad elemental. Catástrofe. Derrumbes. Deterioro ecosistémico. Colapso. Descargas catárticas. Explosión de lo reprimido. Instinto sexual. Transfiguración. Subsuelo. Internet profunda. Submundo criminal. Sadomasoquismo. Poderes concentrados. Esclavización de la naturaleza.

Magma de las profundidades. Volcanes. Extractivismo fósil. Procesos regenerativos.

Elementos

Fuego: Aries, Leo y Sagitario. Vitalidad. Energía. Autoconfianza. Irradiación. Centralidad. Despliegue. Expansión. Intuición.

Tierra: Tauro, Virgo y Capricornio. Sustancia. Comprensión. Materialidad. Orden. Leyes. Planificación. Contracción. Solidez. Estructura. Sostén. Percepción.

Aire: Géminis, Libra y Acuario. Abstracción. Ideas. Curiosidad. Objetividad. Distancia. Inasible. Pensamiento.

Agua: Cáncer, Escorpio y Piscis. Sentimientos. Emociones. Afecto. Contacto con el dolor. Empatía. Contención. Amorosidad. Sensibilidad.

Balance de elementos

A la ubicación de los planetas personales se suma el ascendente en signos de un determinado elemento y dará como resultado la preponderancia de un elemento o dos de ellos, o la falta absoluta de alguno. Se tiene en cuenta:

-Las luminarias: Sol y Luna.

-El ascendente y su planeta regente.

-Los planetas personales: Mercurio, Venus, Marte, Júpiter y Saturno.

No se consideran los planetas transpersonales, Urano, Neptuno y Plutón, en el balance personal porque su prolongada permanencia en cada signo les da un carácter generacional.

Casas: doce campos de experiencias

Casa 1: determinada por el ascendente. Inmediato. Lo que está a la mano.

Casa 2: sustanciar lo material.

Casa 3: comunicación, viajes cortos, hermanos.

Casa 4: hogar, ancestros, padre-madre, sentimiento de acogida, crianza. Memoria personal.

Casa 5: hijos, expresión artística, reconocimiento personal.

Casa 6: cuerpo físico, servicio. Ámbito laboral.

Casa 7: parejas, socios. Complemento. Encuentro con lo otro.

Casa 8: dinero, muerte y regeneración, sexo, conflictos judiciales.

Casa 9: extranjero, viajes largos, pensamiento filosófico.

Casa 10: inserción en la sociedad, reconocimiento social.

Casa 11: grupos, colectivos, afinidades, participación innovadora.

Casa 12: espiritualidad, misticismo, religiones, arquetipos, disolución del "yo", memoria colectiva. Agotamiento de las experiencias.

Aspectos

Conexiones de expresión geométrica entre planetas. Aspectos de tensión y aspectos fluidos y complementarios.

Aspectos de tensión

Conjunción, cuadratura, oposición, semicuadratura son angulaciones de 0°, 45°, 90° y 180° entre dos planetas dibujados normalmente en líneas rojas.

Aspectos fluidos

Trígono, sextil, semisextil son angulaciones de 30°, 60° y 120°. Se trazan en color verde.

Modalidades

Cardinal: Aries, Cáncer, Libra y Capricornio. Siguen sus propios lineamientos, acción determinada.

Fijo: Tauro, Leo, Escorpio y Acuario. Obstinados, fijeza en la acción y en el pensamiento.

Mutable: Géminis, Virgo, Sagitario y Piscis. Permeables a las influencias de otras personas y externas, adaptables, se dejan llevar, acción oscilante o errática.

Regentes planetarios de cada signo

La influencia de los arquetipos (dioses). Cada signo tiene su propio regente (un planeta) que, a la vez, habitará en un campo de experiencia llamado "casa".

Gramática y lenguaje astrológicos (ejemplo)

El Sol en Aries es el primer signo del Zodíaco natural, es la casa 1, el inicio. Es un signo de Fuego: energía de impulso. Es cardinal: marca uno de los cuatro puntos cardinales de un código natal. Acción determinada. Regente planetario: Marte, dios de la guerra, representa el deseo, la agresividad, el impulso de inicio. Ese regente está en la casa 3, campo de experiencia de los viajes cortos, de los hermanos, de la comunicación. En su interpretación lineal habla de una persona que hará muchos traslados de corta distancia, por ejemplo, un periodista de conflictos o de accidentes ruteros local, que será impulsivo o agresivo incluso con sus hermanos o vecinos y que habla antes de pensar. Veloz para lanzarse sobre la noticia, llega primero, pero no logra sostener una investigación larga. Le encanta lo motriz y subirse a un auto a gran velocidad. En su interpretación multidimensional, en la signatura profunda, es un bravo mensajero de los dioses (combina Aries con la casa 3 natural de Géminis), ha entendido que la comunicación es tender lazos entre hermanos, hermanas, aunque sea impulsivo o arrebatado, genera entusiasmo y claridad a quienes contactan con su fuerza, es un luchador espontáneo, pero certero al encender el deseo de actuar con lucidez. Lleva y trae sin cansarse noticias a las comunidades, pero también pone su vitalidad en el frente de una lucha.

Lenguaje sistémico biosférico

Biosfera semiótica: todo lenguaje es una biosfera semiótica, un sistema de signos unidos a significados que florecen cuando nos comunicamos.

Biosfera: donde todo lo vivo se desarrolla y tiene un sistema particular de equilibrio.

Sistema: un conjunto de elementos interrelacionados de complejas interacciones.

Complejidad: enmarañamiento de acciones, interacciones, fenómenos aleatorios, dificultades empíricas y lógicas.

Cosmología: exige reunir datos astronómicos con una reflexión ecosistémica y de organización humana.

Ecosistema: sistema natural.

Monádico: un cuidado preciosista de la vida individual.

Simpoiesis: crear con.

Autopoiesis: creación solitaria, individual.

Ecosofía: proteger al planeta no solo en beneficio del género humano, sino, también, en beneficio del propio planeta, conservar los ecosistemas sanos por el mismo hecho de hacerlo.

Infoesfera: espacio saturado de info-estímulos de información.

Simbiosis: co-dependencia.

Compostar: fundir palabras, según Donna Haraway.

Sujeto de derechos: poner voz jurídica a la naturaleza para el respeto de sus derechos naturales.

Binarismo: modelo que establece dos únicos géneros, el masculino y el femenino. El binarismo se extiende a cultura/naturaleza, y otras divisiones que separan y civilizan.

Cosmopolítica: es una visión que integra a la naturaleza y lo no humano al análisis de las relaciones, por lo tanto, a la política en un cosmos, un mundo común. Esta definición es de Isabelle Stengers.

Sistema biosférico: se simboliza de forma circular porque expresa totalidades vinculares y sus relaciones sistémicas. No son sistemas cerrados. Se vinculan con otros.

Signatura: es más que la relación entre el signo y el signador, quien le adhiere un sentido. Insiste en esa relación, pero también la inserta en una nueva red de relaciones.

Simbiología: prácticas artísticas híbridas.

Sims: personas simbiontes, hibridación de humanos y no humanos, según Donna Haraway.

Simbiogénesis: Teoría acerca del origen de la vida a partir de la simbiosis de distintos linajes, según Lynn Margulis.

Otros

Ciclos: hay ciclos personales y transpersonales. Los personales son ritmos planetarios reflejados en el interior del código natal. Por ejemplo: Saturno ciclo de veintiocho años, dividido en un ritmo de septenios, cada ciclo resignifica su interpretación. Los transpersonales son ciclos largos que signan movimientos colectivos históricos y planetarios (del planeta Tierra).

Polaridades: opuestos complementarios.

Filosofistas bellólogos: resuelven las controversias de las escuelas de arte, según Xul Solar.

Arquetipo: símbolos e imágenes universales y primarios que provienen del inconsciente colectivo.

Humus: organismos y microorganismos en descomposición que se transforman en la tierra resultando un nutriente.

Esferas aristotélicas: modelo cosmológico de esferas separadas: esfera celeste de las ciencias; esfera terrena, atávica y emocional.

Telúrico: de la tierra.

Mundificar: Limpiar las heridas con lluvia.

Surrealismo: un monólogo de emisión tan rápido como sea posible, sobre el que el espíritu crítico del sujeto no pueda abrir ningún juicio, según André Breton.

Bibliografía

Abós, Álvaro, *Xul Solar. Pintor del misterio*, Buenos Aires, Sudamericana, 2016.

Agamben, Giorgio, *La potencia del pensamiento*, Buenos Aires, Adriana Hidalgo editora, 2020.

———, *Signatura rerum. Sobre el método*, Barcelona, Anagrama, 2010.

Aira, César, *Alejandra Pizarnik*, Rosario, Beatriz Viterbo Editora, 1998.

Amícola, José, "Las nenas terribles de Silvina Ocampo y Marosa di Giorgio", *Cuadernos Lírico* (en línea), 11, 2014, 1 de diciembre 2014, http://lirico.revues.org/1847

Artundo, Patricia (comp.), *Xul Solar. Entrevistas, artículos y textos inéditos*, Buenos Aires, Corregidor, 2005.

Ballard, J. G., *Crash*, Buenos Aires, Minotauro, 1984.

Bendinger, María Cecilia, *Xul Solar y el arte combinatoria. La belleza de la totalidad*, Oráculo ediciones, GH Records, 2017.

Bordelois, Ivonne y Piña, Cristina, *Nueva correspondencia Pizarnik (1955-1972)*, Buenos Aires, Lumen, 2017.

Borges el memorioso. Conversaciones de Jorge Luis Borges con Antonio Carrizo, Buenos Aires, Fondo de Cultura Económica, 1982.

Borges, Jorge Luis, *El círculo secreto. Prólogos y notas*, Buenos Aires, Emecé, 2003.

———, "La biblioteca total", *Sur*, N° 59, agosto de 1939.

———, *Obras completas 1*, Buenos Aires, Sudamericana, 2011.

———, *Obras completas 2*, Buenos Aires, Sudamericana, 2011.

———, *Obras completas 3*, Buenos Aires, Sudamericana, 2011.

———, *Obra poética*, Buenos Aires, Sudamericana, 2011.

———, *Textos recobrados 1931-1955*, Buenos Aires, Sudamericana, 2011

———, *Textos recobrados 1956-1986*, Buenos Aires, Sudamericana, 2011.

Bretón, André, *Nadja*, Cátedra, 2004.

Bugallo, Alicia Irene, *Filosofía ambiental y ecosofías. Arne Naess, Spinoza y James*, Buenos Aires, Prometeo Libros, 2015.

Carutti, Eugenio, *Inteligencia planetaria,* CreateSpace Independent Publishing Platform, 2014.

Carutti, Eugenio, *Las lunas el refugio de la memoria*, Buenos Aires, Kier, 2008.

Chiang, Ted, *Exhalación*, Buenos Aires, Sexto Piso, 2021.

Chiang, Ted, *La historia de tu vida*, Madrid, Alamut, 2015.

Enriquez, Mariana, *La hermana menor*, Buenos Aires, Anagrama, 2018.

Fisher, Mark, *Realismo Capitalista. ¿No hay alternativa?*, Buenos Aires, Caja Negra, 2020.

Galarza, Javier, Leibson, Leonardo y Magdalena, María, *La perfecta desnudez. Conversaciones desde Alejandra Pizarnik*, Buenos Aires, Letra Viva, 2018.

Giardinelli, Mempo, *Así se escribe un cuento*, Buenos Aires, Capital Intelectual, 2012.

Giraldi dei Cas, Norah, "La *creación* autobiográfica de Silvina Ocampo o lo obvio y lo obtuso del cuento fantástico", *América. Cahiers du CRICCAL*, 1997, n.° 17, pp. 217-233.

Hadis, Martín, *Memorias de Leonor Acevedo de Borges. Los recuerdos de la madre del más grande escritor argentino*, Buenos Aires, Claridad, 2021.

Haraway, Donna J., *Seguir con el problema. Generar parentesco en el Chthuluceno*, Bilbao, Consomi, 2019.

Hölderlin, Friedrich, *Hiperión*, Madrid, Libros Hiperión, 1998.

Latour, Bruno, *Nunca fuimos modernos. Ensayo de antropología simétrica*, Buenos Aires, Siglo XXI Editores, 2007.

Marechal, Leopoldo, *Adán Buenosayres*, Buenos Aires, Seix Barral, 2003.

Michelsen, Neil F., *The American Ephemeris for the 21st Century. 2000 to 2050 at Midnight*, ACS Publications, 2001.

Molloy, Sylvia, "El teatro de la lectura: cuerpo y libro en Victoria Ocampo", *Acto de presencia. La escritura autobiográfica en Hispanoamérica*, Fondo de Cultura Económica, 1996.

Muzzopappa, Julia Inés, "La 'voz narrativa' de Maurice Blanchot. Para una lectura de la infancia en la cuentística de Silvina Ocampo", Dossier Maurice Blanchot, *Revista Pensamiento Político*; n.° 8, 1 de diciembre de 2017. https://pensamientopolitico.udp.cl/index.php/pensamiento-politico-udp/article/view/116

Negroni, María, *El testigo lúcido*, Buenos Aires, Entropía, 2017.

Nietzsche, Friedrich, "El hombre loco", *La gaya ciencia*, Madrid, Akal, 2011.

Ocampo, Victoria, *Autobiografía I. El archipiélago*, Buenos Aires, Ediciones Revista Sur, 1979.

Ocampo, Silvina, *Autobiografía de Irene*, Buenos Aires, Lumen, 2011.

———, "Cielo de claraboyas", *Viaje olvidado*, *Cuentos completos*, Buenos Aires, Emecé, 2017.

———, *Cornelia frente al espejo*, Buenos Aires, Lumen, 2014.

———, *Cuentos completos I*, Buenos Aires, Emecé, 1999.

———, *La belle y sus enamorados*, Buenos Aires, Ediciones Revista Sur, 1964.

———, *Las repeticiones y otros relatos inéditos*, Buenos Aires, Lumen, 2011.

———, *Enumeración de la patria*, Buenos Aires, Editorial Sur, 1942.

———, *Espacios métricos*, Buenos Aires, Editorial Sur, 1945.

———, *Los días de la noche*, Buenos Aires, Sudamericana, 1970.

Ostrov, Andrea, *Alejandra Pizarnik/León Ostrov. Cartas* (edición facsimilar), Villa María, Eduvim, 2012.

Pampa Arán, Olga, "Juri Lotman: actualidad de un pensamiento sobre la cultura", *Escritos. Revista del Centro de Ciencias del Lenguaje*, Universidad Nacional de Córdoba, Facultad de Filosofía y Humanidades, n.° 24, 2001, pp. 47-70.

Pauls, Alan, *El factor Borges*, Barcelona, Anagrama, 2006.

Petit de Murat, Ulyses, *Borges Buenos Aires*, Buenos Aires, Sudamericana, 2019.

Peña, Candela, N., "La sociolingüística en el entramado del Chthuluceno. ¿Cuál es el lenguaje necesario para un mundo compost-ista?", *Heterocronías. Feminismos y epistemologías del sur*, *2*(1), pp. 69-86. https://revistas.unc.edu.ar/index.php/heterocronias/article/view/29758

Pezzoni, Enrique, "Silvina Ocampo: la nostalgia del orden", en Silvina Ocampo, *La furia y otros cuentos*, Madrid, Alianza Editorial, 1982.

Piña, Cristina, *Límites, diálogos, confrontaciones: leer a Pizarnik*, Buenos Aires, Corregidor, 2012.

Piña, Cristina y Venti, Patricia, *Alejandra Pizarnik. Biografía de un mito*, Buenos Aires, Lumen, 2021.

Pizarnik, Alejandra, *El deseo de la palabra*, Ocnos, Barcelona, 1972.

———, *Diarios*, Buenos Aires, Lumen, 2017.

———, *Poemas*, Buenos Aires, Nosferatu, 1975.

———, *Poesía completa*, Buenos Aires, Lumen, 2017.

———, *Prosa completa*, Buenos Aires, Lumen, 2017.

Podlubne, Judith, "Adriana Mancini. *Silvina Ocampo. Escalas de pasión*", *Orbis Tertius*, vol. 9, n.° 10, Centro de Estudios de Teoría y Crítica Literaria, 2004, pp. 188-191.

———, "Las lecturas de Silvina Ocampo", *Boletín del Centro de Estudios de Teoría y Crítica Literaria*, Facultad de Humanidades y Artes de la Universidad Nacional de Rosario, 1996, pp. 71-79.

Prósperi, Germán Osvaldo, "La máquina elíptica de Giorgio Agamben", *Profanações*, año 2, n.° 2, 2015, Facultad de Humanidades y Ciencias de la Educación; pp. 62-83.

Ramos, Laura, *Las señoritas*, Buenos Aires, Lumen, 2021.

Sarlo, Beatriz, *Borges, un escritor en las orillas*, Buenos Aires, Siglo XXI Editores, 2015.

Solar, Xul, "Versión sobre el trilíneo", *Destiempo*, Buenos Aires, año 1, n.° 2, noviembre de 1936, p. 4.

Stapledon, Olaf, *Hacedor de estrellas*, Buenos Aires, Minotauro, 1974.

Swedenborg, Emanuel, *Arquitectura del cielo*, Buenos Aires, Adriana Hidalgo editora, 2004.

Tarnas, Richard, *Cosmos y psique*, Atalanta, 2017.

Thompson, W. I. (ed.), *Gaia. Implicaciones de la nueva biología*, Editorial Kairós, 1992.

Ulla, Noemí, *Encuentros con Silvina Ocampo*, Buenos Aires, Editorial Belgrano, 1982.

Vázquez, María Esther, *Borges: imágenes, memorias, diálogos*, Caracas, Monte Ávila, 1977.

VV. AA., *Sur*, n.° 50, Buenos Aires, noviembre de 1938.

Zylko, Boguslaw, "Cultura y semiótica. Notas sobre la concepción de cultura de Lotman", *Entretextos. Revista Electrónica Semestral de Estudios Semióticos de la Cultura*, n.º 5, 2005.

Esta obra se terminó de imprimir
en el mes de abril de 2025,
en los talleres de Impresora Tauro, S.A. de C.V.
Ciudad de México.